1 ザックリつかむ！働き方改革の全体図

1 「働き方改革」の背景・経緯

●「働き方改革」の背景にあるもの・「働き方改革」が目指すもの

　急速に進展する少子高齢化、これに伴う労働力人口の減少は、わが国の経済にも深刻な影響を及ぼす問題です。平成28年6月に策定された「ニッポン一億総活躍プラン」は、少子高齢化に真正面から取り組み、子育て支援や社会保障の基盤を強化し、消費・投資の拡大、労働生産性の向上等を通じて経済を強くしていく「成長と分配の好循環メカニズム」を創り出すことを目的としています。そのキーポイントになるのが「働き方改革」です。上記の課題への対応として、これまで労働市場の外にいた女性や高齢者等の活躍を促進し、労働力化していく必要がありますが、そのためには、これらの人々が働く際の制約要因をなくし、働きやすい環境を整備することが不可欠です。一方で、働き方の現状をみると、いわゆる正社員を中心とする長時間労働や、非正規労働者の待遇格差などの問題があります。以下に説明する一連の「働き方改革」の取組は、労働生産性の向上を図るとともに、多様で柔軟な働き方を可能にすることを目指すものです。

● わが国の少子高齢化の現状～日本の労働力人口の推移

　日本の人口は近年減少局面を迎えている。2065年には総人口が9,000万人を割り込み、高齢化率は38%台の水準になると推計されている。

資料出所：総務省「国勢調査」、国立社会保障・人口問題研究所「日本の将来推計人口（平成29推計）：出生中位・死亡中位推計」（各年10月1日現在人口）、厚生労働省「人口動態統計」

●「働き方改革」―現在までの経緯

平成28年１月　　　　安倍総理の施政方針演説「一億総活躍への挑戦」
⋮
平成28年６月２日　閣議決定

― 一億総活躍社会とは ―
　女性も男性も、お年寄りも若者も、一度失敗を経験した方も、障害や難病のある方も、家庭で、職場で、地域で、あらゆる場で、誰もが活躍できる、いわば全員参加型の社会である。

新三本の矢
①希望を生み出す強い経済
②夢をつむぐ子育て支援
③安心につながる社会保障

→ 成長と分配の好循環 ← 働き方改革／生産性向上 への取組

経済成長の隘路（あいろ）である少子高齢化に真正面から立ち向かう。広い意味での経済政策として、子育て支援や社会保障の基盤の強化、それが経済を強くするという新たな経済社会システムを創る。「究極の成長戦略」。

● 一億総活躍社会の実現に向けた成長と分配の好循環モデル
　　～賃金・所得・消費の循環を中心とした試算

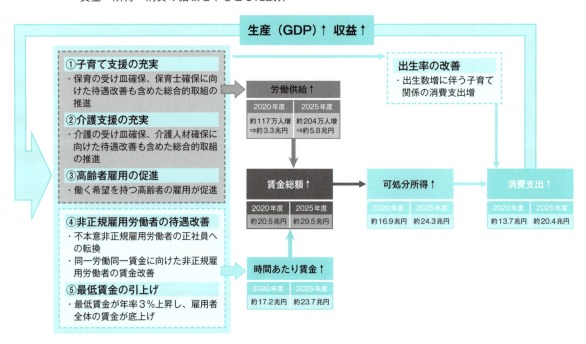

1) 上記は、労働供給の増加と賃金上昇を通じた直接的な政策効果について、仮定を置いて試算したものであり、GDP600兆円への道筋の全体像を示すものではない。
2) 効果額は政策が行われない場合との差分のみを示したものであり、人口動態による労働供給の減少効果や一般物価の上昇による効果は含まない。また、潜在需要の顕在化効果や投資リターンの向上、それに伴う設備投資増加の効果、産業間の労働移動の影響などについては、試算の対象としていない。なお、試算の内容は不確実性を伴うため、相当な幅を持って理解される必要がある。
3) 規模感の目安として、例えば2014年度時点において、労働力人口をみると約6,600万人、賃金総額をみると約240兆円、試算の対象としている雇用者の可処分所得及び消費支出はそれぞれ約200兆円及び約140兆円である。

資料出所：「ニッポン一億総活躍プラン」

平成28年９月27日～

| 働き方改革実現会議 | 総理を議長として、関係閣僚、労働界・産業界のトップ及び有識者で構成。 |

↓ 非正規雇用者の処遇改善、長時間労働の削減など、働き方に関する
　9項目について、10回にわたり議論。

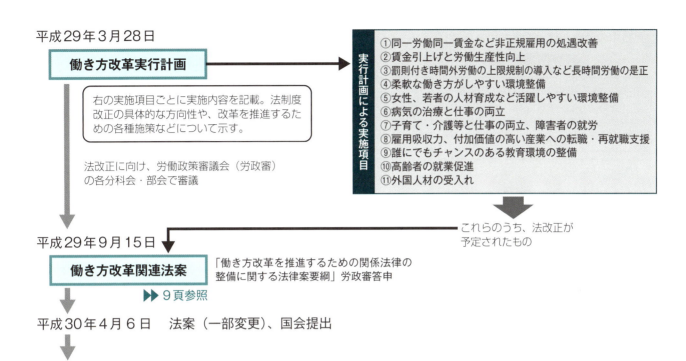

2 「働き方改革実行計画」による実施項目

働き方改革実行計画とは……

　平成28年9月に設置された「働き方改革実現会議」での議論を経て、平成29年3月に「働き方改革実行計画」が策定されました。この実行計画では、同一労働同一賃金の実現や時間外労働の上限規制などの法制度改正の具体的な方向性や、改革を推進するための各種施策の内容を盛り込んでいます。また、実施項目ごとに向こう10年間の進め方の工程表をロードマップとして示し、これに基づいて長期的かつ継続的に取り組むこととしています。この実行計画に従い、「働き方改革を推進するための関係法律の整備に関する法律案」（働き方改革関連法案）が平成30年4月6日に国会へ提出され、国会審議を経て同年6月29日に成立しました（同年7月6日公布）。

　また、法制度の改正のほか、実行計画に基づき、各分野で有識者会議等の議論を通じたガイドライン・指針策定によるルールの明確化や、働き方改革を進める中小企業を中心とする支援など、各種施策も順次検討・実行されています。

● **基本的考え方**──働く人の視点に立った働き方改革の意義

◆ 日本経済再生に向けて、最大のチャレンジは働き方改革。働く人の視点に立って、労働制度の抜本改革を行い、企業文化や風土も含めて変えようとするもの。働く方一人ひとりが、より良い将来の展望を持ち得るようにする。

◆ 働き方改革こそが、労働生産性を改善するための最良の手段。生産性向上の成果を働く人に分配することで、賃金の上昇、需要の拡大を通じた成長を図る「成長と分配の好循環」が構築される。社会問題であるとともに経済問題。

◆ 雇用情勢が好転している今こそ、政労使が3本の矢となって一体となって取り組んでいくことが必要。これにより、人々が人生を豊かに生きていく、中間層が厚みを増し、消費を押し上げ、より多くの方が心豊かな家庭を持てるようになる。

● 日本の労働制度と働き方にある課題

| 課 題 | | 改革の方向性 | |

正規・非正規の不合理な処遇の差
正当な処遇がなされていないという気持ちを「非正規」労働者に起こさせ、頑張ろうという意欲をなくす。

→ 世の中から「非正規」という言葉を一掃していく

正規と非正規の理由なき格差を埋めていけば、自分の能力を評価されている納得感が醸成。納得感は労働者が働くモチベーションを誘引するインセンティブとして重要、それによって労働生産性が向上していく。

長時間労働
健康の確保だけでなく、仕事と家庭生活との両立を困難にし、少子化の原因や、女性のキャリア形成を阻む原因、男性の家庭参加を阻む原因。

→ 長時間労働を自慢するかのような風潮が蔓延・常識化している現状を変えていく

長時間労働を是正すれば、ワーク・ライフ・バランスが改善し、女性や高齢者も仕事に就きやすくなり、労働参加率の向上に結びつく。経営者は、どのように働いてもらうかに関心を高め、単位時間（マンアワー）当たりの労働生産性向上につながる。

単線型の日本のキャリアパス
ライフステージに合った仕事の仕方を選択しにくい。

→ 単線型の日本のキャリアパスを変えていく

転職が不利にならない柔軟な労働市場や企業慣行を確立すれば、自分に合った働き方を選択して自らキャリアを設計可能に。付加価値の高い産業への転職・再就職を通じて国全体の生産性の向上にも寄与。

● 「働き方改革実行計画」の実施項目とその概要

	項　目	実行計画の実施事項	現在進められている主要な制度改正・関連施策等
❶	同一労働同一賃金など非正規雇用の処遇改善	(1) 同一労働同一賃金の実効性を確保する法制度とガイドラインの整備 (2) 非正規雇用労働者の正社員化などキャリアアップの推進 （キャリアアップ助成金の活用、無期転換ルールの円滑な適用、被用者保険の適用拡大）	● パートタイム労働法・労働契約法・労働者派遣法の改正 ➡29頁 ▶ キャリアアップ助成金の拡充等 ▶ 有期契約労働者の無期転換ポータルサイトで各種支援・情報提供 ▶ 社会保障審議会年金部会で被用者年金の適用拡大等について検討開始（平30.4〜）
❷	賃金引上げと労働生産性向上	(1) 企業への賃上げの働きかけや取引条件の改善 （最低賃金の引上げ、中小企業・小規模事業者への助成等） (2) 生産性向上支援など賃上げしやすい環境の整備 （税制、予算措置など賃上げの環境整備、生産性向上のため人事評価制度・賃金制度を整備する企業への助成制度の創設等）	▶ 業務改善助成金 ▶ 下請取引の条件改善（下請法の運用基準、通達改正、下請ガイドライン等の周知徹底） ▶ 所得拡大促進税制 ▶ 人材確保等支援助成金（人事評価改善等助成コース）（平30.4〜） ▶ 労働関係の各助成金について生産性要件による支給額割増し ▶ 働き方改革推進支援センター等による相談支援・セミナー等
❸	罰則付き時間外労働の上限規制の導入など長時間労働の是正	(1) 法改正による時間外労働の上限規制の導入 (2) パワーハラスメント対策、メンタルヘルス対策 （有識者による検討、過労死等防止対策の大綱改正等） (3) 勤務間インターバル制度 （有識者による検討、助成金、好事例の周知）	● 労働基準法の改正 ➡13頁 ▶「時間外労働等改善助成金」 ▶「職場のパワーハラスメント防止対策についての検討会」報告書（平30.3） ● 労働時間等設定改善法の改正 ➡25頁 ▶「勤務間インターバル制度普及促進のための有識者検討会」（検討中） ▶ 働き方・休み方改善ポータルサイトでの情報提供
		(4) 現行の適用除外等の取扱い （自動車運転業務、建設事業、医師、新技術・新商品等の研究開発の業務等） (5) 事前に予測できない災害その他事項の取扱い (6) 取引条件の改善など業界ごとの取組 (7) 企業本社への監督指導等の強化 (8) 意欲と能力ある労働者の自己実現の支援 （高度プロフェッショナル制度の導入等）	▶ 各分野で検討中。時間外労働の規制の適用猶予等 ➡16頁 ▶ 各分野で検討・取組 ▶ 複数事業場で法違反の場合に企業本社への全社的な立入調査・指導、企業名公表の対象拡大等 ● 労働基準法の改正 ➡22頁

❹	柔軟な働き方がしやすい環境整備	(1) 雇用型テレワークのガイドライン刷新と導入支援	▶「情報通信技術を利用した事業場外勤務の適切な導入及び実施のためのガイドライン」（平30.2）
		(2) 非雇用型テレワークのガイドライン刷新と働き手への支援	▶「自営型テレワークの適正な実施のためのガイドライン」（平30.2）
		(3) 副業・兼業の推進に向けたガイドライン策定やモデル就業規則改定などの環境整備	▶「副業・兼業の促進に関するガイドライン」（平30.1）
		(4) 非雇用型テレワークを始めとする雇用類似の働き方全般（請負・自営等）についての法的保護の中長期的検討	▶「雇用類似の働き方に関する検討会」報告書（平30.3）→労政審で議論
❺	女性・若者の人材育成など活躍しやすい環境整備	(1) 女性のリカレント教育など個人の学び直しへの支援や職業訓練などの充実 （学び直し講座の充実・多様化、女性リカレント講座の増設、専門職大学の創設等職業教育）	● 雇用保険法の改正 （平30.1施行、教育訓練給付の見直し）
		(2) 多様な女性活躍の推進 （女性活躍に関する情報の見える化等女性活躍推進法の改正等）	▶配偶者控除等に係る配偶者の年収制限103万円→150万円（平30年分から）
		(3) 就職氷河期世代や若者の活躍に向けた支援・環境整備の推進	▶若者雇用促進法に基づく指針の改正（平30.3） ● 職業安定法の改正 （平29.3.31から3年以内施行。法違反の事業所の求人不受理等）
❻	病気の治療と仕事の両立	(1) 会社の意識改革と受入れ体制の整備	▶疾患別のサポートマニュアル作成等 ▶「事業場における治療と職業生活の両立支援のためのガイドライン」（平28.2策定、30.3参考資料追加）
		(2) 治療と仕事の両立に向けたトライアングル型支援（コーディネーターが企業と医療機関等との間を調整）などの推進	▶両立支援コーディネーターの養成（研修等）
		(3) 労働者の健康確保のための産業医・産業保健機能強化	● 労働安全衛生法の改正 ➡27頁
❼	子育て・介護等と仕事の両立、障害者の就労	(1) 子育て・介護と仕事の両立支援策の充実・活用促進 （保育士・介護労働者の処遇改善等）	
		(2) 男性の育児・介護への参加促進	● 育児・介護休業法の改正 （平29.10施行、男性の育児目的休暇制度導入の努力義務等） ▶「仕事と育児の両立支援に係る総合的研究会」報告書（平30.3） ▶くるみん認定基準（男性の育児休業取得に関する基準）の引上げ（平29.4～）
		(3) 障害者等の能力を活かした就労支援の推進	
❽	雇用吸収力、付加価値の高い産業への転職・再就職支援	(1) 転職者の受入れ促進のための指針の策定	▶「年齢にかかわりない転職・再就職者の受入れ促進のための指針」（平30.3）→経済界へ要請 ▶「労働移動支援助成金」の拡充（転職者を受け入れ、能力開発、賃金アップを行う成長企業等へ助成）
		(2) 転職・再就職の拡大に向けた職業能力・職場情報の見える化	
❾	誰にでもチャンスのある教育環境の整備	給付型奨学金制度の創設、高等教育の経済的負担軽減等	▶給付型奨学金制度（平29.4～） ▶無利子の奨学金の利用条件の緩和（平29.4～） ▶保育・幼児教育の無償化（平31.10～）
❿	高齢者の就業促進	65歳以降の継続雇用延長、65歳までの定年延長等に対する助成、ハローワークでの求人開拓等	▶「65歳超雇用推進助成金」各コースの支給要件等見直し（平30.4～） ▶高齢者による起業に対する「生涯現役起業支援助成金」（平28.4～）
⓫	外国人材の受入れ	高度外国人材を受け入れるための就労環境整備等	▶高度人材ポイント制の見直し（永住許可申請に要する在留期間を1年とする「日本版高度外国人材グリーンカード」の創設、平29.4～）

〔参考データ①〕わが国の労働時間の現状

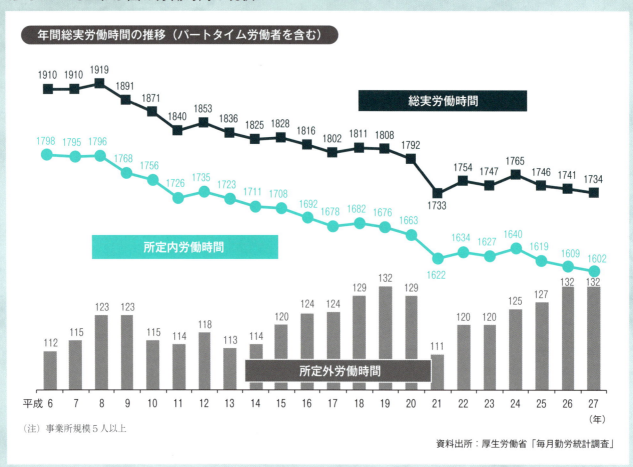

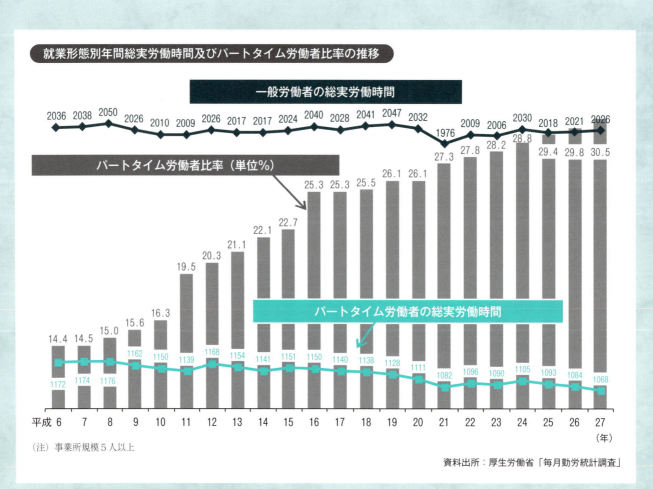

〔参考データ②〕労働時間の国際比較

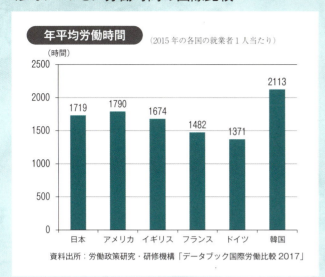

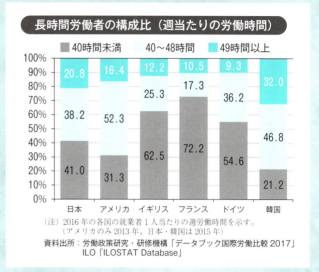

〔参考データ③〕長時間労働の現状

週労働時間別雇用者等の推移

> 週の労働時間が60時間以上の者の割合は、全体では近年低下傾向で推移し、1割弱となっている。30代男性も以前より低下しているものの高水準で推移している。

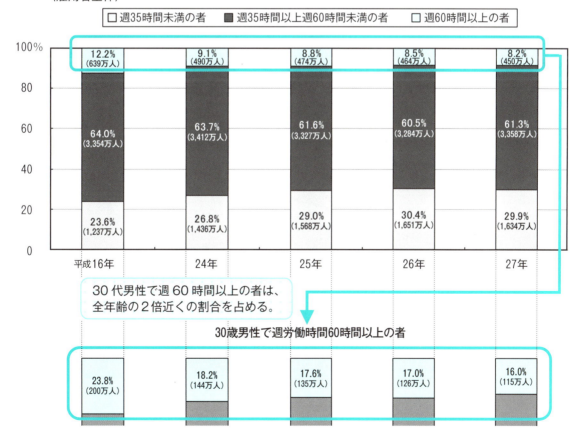

30代男性で週60時間以上の者は、全年齢の2倍近くの割合を占める。

(注)上のグラフは雇用者についてのもの。ただし、「30代男性で週労働時間60時間以上の者」については、雇用者だけでなく自営業主と家族従業者を含んだ数値により作成。

資料出所：総務省「労働力調査」

1 ザックリつかむ！働き方改革の全体図 **7**

〔参考データ④〕正規雇用と非正規雇用の労働者の推移

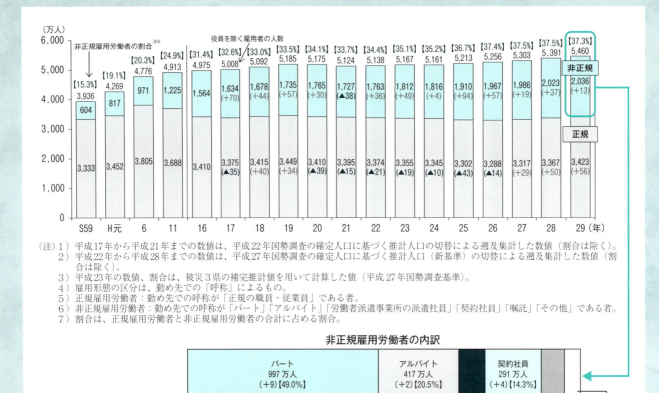

〔参考データ⑤〕一般労働者と短時間労働者の賃金カーブ（時給ベース）

2 働き方改革関連の法改正

1 法改正の概要

　第196回通常国会で、平成30年6月29日、「働き方改革を推進するための関係法律の整備に関する法律案」（働き方改革関連法案）が可決・成立しました（平成30年7月6日公布）。この関連法は、「働き方改革実行計画」に沿って、長時間労働の削減対策として時間外労働の上限規制等をはじめとする労働時間制度の見直し、及び非正規労働者の待遇格差の解消を目的とする「同一労働同一賃金の実現」に向けた均等・均衡待遇ルールの明確化を大きな柱としながら、他の関係法律の改正を含め、計8本の法律を一括にまとめたものです。改正事項によって施行時期は異なりますが、特に企業の実務対応が求められる事項で最も早いものは、平成31年4月1日からの施行が予定されています。

● 働き方改革関連法のポイント

◆改正の趣旨◆
　労働者がそれぞれの事情に応じた多様な働き方を選択できる社会を実現する働き方改革を総合的に推進するため、長時間労働の是正、多様で柔軟な働き方の実現、雇用形態にかかわらない公正な待遇の確保等のための措置を講ずる。

Ⅰ 働き方改革の総合的かつ継続的な推進　【雇用対策法】　【平成30年7月6日（公布日）施行】

［法律名変更］雇用対策法 ➡ 「労働施策の総合的な推進並びに労働者の雇用の安定及び職業生活の充実等に関する法律」（労働施策総合推進法）
　働き方改革に係る基本的考え方を明らかにするとともに、国は、改革を総合的かつ継続的に推進するための「基本方針」（閣議決定）を定めることとする。

Ⅱ 長時間労働の是正、多様で柔軟な働き方の実現等　【平成31年4月1日施行】（原則）

1 労働時間に関する制度の見直し

（1）長時間労働の是正　【労働基準法】

① **時間外労働の上限規制の導入**

　時間外労働の上限について、月45時間、年360時間を原則とし、臨時的な特別な事情がある場合でも年720時間、単月100時間未満（休日労働含む）、複数月平均80時間（休日労働含む）を限度に設定。

【中小企業は平成32年4月1日施行】

（※）自動車運転業務、建設事業、医師等について、猶予期間を設けたうえで規制を適用等の例外あり。研究開発業務について、医師の面接指導（労働安全衛生法）を設けたうえで、適用除外。

② **中小企業における月60時間超の時間外労働に対する割増賃金の見直し**

　月60時間を超える時間外労働に係る割増賃金率（50％以上）について、中小企業への猶予措置を廃止。

【平成35年4月1日施行】

③ **一定日数の年次有給休暇の確実な取得**

　使用者は、10日以上の年次有給休暇が付与される労働者に対し、5日について、毎年、時季を指定して与えなければならないこととする。

【労働安全衛生法】

④ **労働時間の状況の把握の実効性確保**

　労働時間の状況を省令で定める方法〔使用者の現認や客観的な方法による把握を原則とする〕により把握しなければならないこととする。

(2) 多様で柔軟な働き方の実現

① フレックスタイム制の見直し

　フレックスタイム制の「清算期間」の上限を1か月から3か月に延長。

② 特定高度専門業務・成果型労働制（高度プロフェッショナル制度）の創設

　職務の範囲が明確で一定の年収（少なくとも1,000万円以上）を有する労働者が、高度の専門的知識を必要とする等の業務に従事する場合に、健康確保措置を講じること、本人の同意や委員会の決議等を要件として、労働時間、休日、深夜の割増賃金等の規定を適用除外とする。

【労働安全衛生法】

③ 高度プロフェッショナル制度の対象者に対する面接指導の実施義務

　制度対象者について、在社時間等が一定時間を超える場合には、事業者に医師による面接指導の実施を義務づけ。

2 勤務間インターバル制度の普及促進等

① 勤務間インターバル制度の普及促進　【労働時間等設定改善法】

　事業主は、前日の終業時刻と翌日の始業時刻の間に一定時間の休息の確保に努めなければならないこととする。

② 企業単位での労働時間等の設定改善に係る労使の取組促進

　企業単位での労働時間等の設定改善に係る労使の取組を促進するため、企業全体を通じて一の労働時間等設定改善企業委員会の決議をもって、年次有給休暇の計画的付与等に係る労使協定に代えることができることとする。

3 産業医・産業保健機能の強化

① 衛生委員会への産業医の勧告内容等の報告義務　【労働安全衛生法】

　事業者は、衛生委員会に対し、産業医が行った労働者の健康管理等に関する勧告の内容等を報告しなければならないこととする。［産業医の選任義務のある労働者数50人以上の事業場］

② 産業医に対する情報提供義務

　事業者は、産業医に対し産業保健業務を適切に行うために必要な情報を提供しなければならないこととする。［産業医の選任義務のある労働者数50人以上の事業場］

4 労働者の健康情報の取扱いの適正化

① 労働者の心身の状態に関する情報（健康情報）の必要な範囲内での収集・保管・使用　【労働安全衛生法】

② 健康情報の適正管理措置の義務　【じん肺法】

Ⅲ 雇用形態にかかわらない公正な待遇の確保

【平成32年4月1日施行】（原則）（中小企業へのパート労働法・労働契約法の改正規定の適用は平成33年4月1日）

1 不合理な待遇差を解消するための規定の整備　【パートタイム労働法】【労働契約法】【労働者派遣法】

［法律名変更］短時間労働者の雇用管理の改善等に関する法律（パートタイム労働法）
➡「短時間労働者及び有期雇用労働者の雇用管理の改善等に関する法律」（パート・有期労働法）

① 短時間・有期雇用労働者

　短時間・有期雇用労働者に関する正規雇用労働者との不合理な待遇の禁止に関し、個々の待遇ごとに、当該待遇の性質・目的に照らして適切と認められる事情を考慮して判断されるべき旨を明確化。併せて有期雇用労働者の均等待遇規定を整備。

② 派遣労働者

　①派遣先の労働者との均等・均衡待遇、②一定の要件※を満たす労使協定による待遇のいずれかを確保することを義務化。　（※）同種業務の一般の労働者の平均的な賃金と同等以上の賃金であること等

③ これらの事項に関するガイドラインの根拠規定を整備

2 労働者に対する待遇に関する説明義務の強化

　短時間労働者・有期雇用労働者・派遣労働者について、正規雇用労働者との待遇差の内容・理由等に関する説明を義務化。

3 行政による履行確保措置及び裁判外紛争解決手続（行政ADR）の整備

　1 の義務や 2 の説明義務について、行政による履行確保措置及び行政ADRを整備。

10　2 働き方改革関連の法改正

働き方改革関連法の施行日

	法律名	改正項目	施行日 大企業	施行日 中小企業※
労働施策の基本法	労働施策総合推進法（旧雇用対策法）	法律名改称、目的規定、基本的理念、国の施策、基本方針の策定	平成30年7月6日（公布日）	
長時間労働の削減・多様な労働時間制度	労働基準法	時間外労働の上限規制	平成31年4月1日	平成32年4月1日
		適用除外業務等（自動車運転業務・建設事業・医師等）への上限規制猶予措置の廃止	平成36年4月1日	
		年次有給休暇の付与義務	平成31年4月1日	
		フレックスタイム制の清算期間の延長		
		高度プロフェッショナル制度の導入		
		月60時間超の割増賃金率の適用猶予措置の廃止		平成35年4月1日
	労働時間等設定改善法	勤務間インターバル制度導入の努力義務	平成31年4月1日	
		企業単位での労働時間等の設定改善への取組促進（労働時間等設定改善企業委員会の決議）		
労働者の健康確保	労働安全衛生法	産業医・産業保健機能強化	平成31年4月1日	
		医師による面接指導制度の拡充		
健康情報取扱い	じん肺法	労働者の健康情報の取扱いの適正化		
賃金の実現 同一労働同一	パート・有期労働法（現行パートタイム労働法、労働契約法）	適用単位、均等・均衡待遇に関する規定、待遇に関する説明義務、紛争解決の援助等	平成32年4月1日	平成33年4月1日
	労働者派遣法	均等・均衡待遇に関する規定、待遇に関する説明義務、紛争解決の援助等	平成32年4月1日	

※対象となる中小企業

①資本金の額または出資の総額

小売業	5,000万円以下
サービス業	
卸売業	1億円以下
その他の事業	3億円以下

または

②常時使用する労働者数

小売業	50人以下
サービス業	100人以下
卸売業	
その他の事業	300人以下

2 雇用対策法の改正

1 法律名と目的規定等の改正 〔労働施策総合推進法1条・3条〕

目的規定（第1条）

　この法律は、国が、少子高齢化による人口構造の変化等の経済社会情勢の変化に対応して、労働に関し、その政策全般にわたり、必要な施策を総合的に講ずることにより、労働市場の機能が適切に発揮され、労働者の多様な事情に応じた雇用の安定及び職業生活の充実並びに労働生産性の向上を促進して、労働者がその有する能力を有効に発揮することができるようにし、これを通じて、労働者の職業の安定と経済的社会的地位の向上とを図るとともに、経済及び社会の発展並びに完全雇用の達成に資することを目的とする。

法律の性格

　従来の雇用対策法は、主として労働者の「雇用」の安定に主眼を置き、職業能力の開発・向上や再就職の促進等のための施策に関する基本法としての性格を持った法律です。今回の改正では、必ずしも雇用契約によらない働き方も含めた「多様な労働参加」を可能とすることや、「職業生活の充実」「労働生産性の向上」といった「働き方改革」のキーファクターを盛り込みながら、より広く「労働施策」全般にわたり、総合的な施策を継続的に展開していくことを目的として、法律名も改称されました。

労働者は、職務の内容及び職務に必要な能力、経験その他の職務遂行上必要な事項の内容が明らかにされ、並びにこれらに即した評価方法により能力等を公正に評価され、当該評価に基づく処遇を受けることその他の適切な処遇を確保するための措置が効果的に実施されることにより、その職業の安定が図られるように配慮されるものとする。

2 国の講ずべき施策　労働施策総合推進法4条

労働者の多様な事情に応じた「職業生活の充実」に対応し、働き方改革を総合的に推進するために必要な施策として、従来の雇用関係の施策に加え、次の施策が新たに追加されました。

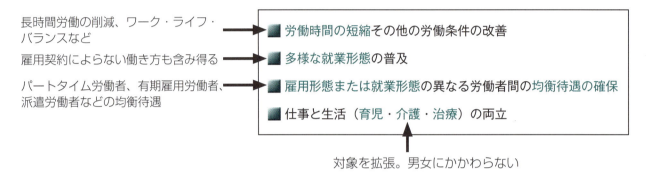

3 事業主の責務　労働施策総合推進法6条

事業主の役割の重要性に鑑み、労働者の「職業生活の充実」に資する責務が追加されました。

> 事業主は、その雇用する労働者の労働時間の短縮その他の労働条件の改善その他の労働者が生活との調和を保ちつつその意欲及び能力に応じて就業することができる環境の整備に努めなければならない。

4 基本方針の策定　労働施策総合推進法10条

国は、労働者がその有する能力を有効に発揮することができるようにするために必要な労働に関する施策の総合的な推進に関する基本方針を定めなければならないこととされました。

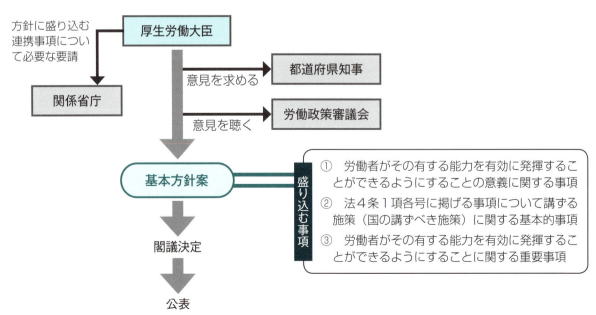

3 労働時間制度・労働者の健康確保に関する改正

労働時間制度に関する改正事項

改正項目		法律	備考
長時間労働の是正			
1	時間外労働の上限規制		
	①時間外労働の上限規制（一般則）	新設	
	②現行適用除外業種等の取扱い	新設	労基法
	③時間外・休日労働に関する指針の策定	新設	
2	月60時間超の時間外労働に係る割増賃金率の中小企業への適用猶予措置廃止		平成27年法案と同じ
3	使用者の年次有給休暇の付与義務	新設	平成27年法案と同じ
4	面接指導制度の見直し		
	①研究開発業務従事者に対する面接指導の実施義務	新設	安衛法
	②高度プロフェッショナル制度の対象労働者に対する面接指導の実施義務	新設	平成27年法案と同じ
5	労働時間の把握	新設	
6	勤務間インターバル制度の努力義務		設定改善法
多様で柔軟な働き方の実現			
7	フレックスタイム制の清算期間の延長		労基法	平成27年法案と同じ
8	高度プロフェッショナル制度の導入	新設		平成27年法案を一部修正
9	企業単位での労働時間等の設定改善への取組促進（労働時間等設定改善企業委員会の決議）	新設	設定改善法	平成27年法案と同じ

※平成27年法案……「労働基準法等の一部を改正する法律案」（平成27年4月3日国会提出）。平成28年9月の衆議院解散により審議未了のまま廃案。同法案の内容は、働き方改革関連法案に盛り込まれた（企画業務型裁量労働制の見直しについては見送り）。

長時間労働の是正

1 時間外労働の上限規制

1 時間外労働の上限規制の基本的な枠組 新労基法36条1項～6項

◆改正の趣旨◆

現行の限度基準告示では、時間外労働の限度時間を定め、臨時的な特別の事情がある場合に例外として、特別条項付き協定を結ぶことにより、限度時間を超えて労働させることが認められています。しかし、この特別条項付き協定による場合には、制度上、上限なく時間外労働が可能となってしまいます。そこで、長時間労働の是正という観点から、現行の限度基準告示を法律に格上げして違反に対しては罰則の対象とするとともに、臨時的な特別の事情がある例外的な場合であっても、上回ることのできない上限を設定することとされました。

法律による時間外労働の上限規制の導入

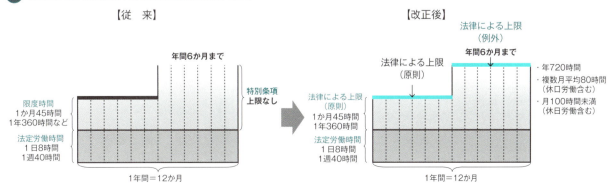

● 上限規制の概要

【従　来】

特別条項付き協定 → 上限なし

限度時間を超えて労働時間を延長しなければならない臨時的な特別の事情

↑

現行の限度基準告示

「労働基準法第36条第1項の協定で定める労働時間の延長の限度等に関する基準」
(平10.12.28労働省告示154号)

期間	限度時間
1週間	15時間〔14時間〕
2週間	27時間〔25時間〕
4週間	43時間〔40時間〕
1か月	45時間〔42時間〕
2か月	81時間〔75時間〕
3か月	120時間〔110時間〕
1年間	360時間〔320時間〕

〔　〕内は、対象期間が3か月を超える1年単位の変形労働時間制による場合

法律に格上げ／行政指導にとどまり、罰則による強制力はない。

【改正後】 新労基法36条4〜6項

特例の場合の限度時間 → 違反したら 罰則：6か月以下の懲役または30万円以下の罰金（労基法119条1号）（36条6項違反）

当該事業場における通常予見することのできない業務量の大幅な増加等臨時的に原則限度時間を超えて労働させる必要がある場合に、労使で合意して協定する場合

▼

1年720時間（*時間外労働のみ）まで

この場合でも、下記のいずれも満たさなければならない。

- 単月で**100時間未満**（*時間外労働＋休日労働）
- 2〜6か月平均で月**80時間以内**（*時間外労働＋休日労働）
- 原則限度時間である月45時間（42時間）を上回る回数は**年6回**まで

原則限度時間 → 違反したら 罰則：32条違反 6か月以下の懲役または30万円以下の罰金（労基法119条1号）（上記特例の場合を除く）

1か月　45時間　かつ　1年360時間まで
（対象期間が3か月を超える1年単位の変形労働時間制による場合は1か月42時間かつ1年320時間）
＊時間外労働のみ

法定労働時間（原則：1週40時間　1日8時間）

● 時間外・休日労働協定（36協定）で定める事項　新労基法36条2項

使用者 ⇔ **36協定** ⇔ 労働者代表

事業場の過半数労働組合、これがないときは過半数代表者。なお、過半数代表者について使用者の意向による選出は手続違反となる（現行通達→省令で定める予定）。

※新しい36協定の様式が定められる予定。

定める事項 ↓

① 労働者の範囲

② 対象期間（1年間）

③ 労働時間を延長し、または休日に労働させることができる場合

④ 対象期間における1日、1か月及び1年のそれぞれの期間について労働時間を延長して労働させることができる時間または労働させることができる休日の日数

⑤ 労働時間の延長及び休日の労働を適正なものとするために必要な事項として厚生労働省令で定める事項

有効期間、起算日、限度時間を超えて労働させることができる場合、この場合の健康確保措置、割増賃金率、手続などを予定

現行では、「1日を超え3か月以内及び1年間」（労基則16条、限度基準2条）とされている。しかし、例えば「3か月で120時間」とすると、「1か月目に90時間、2か月目に30時間、3か月目に0時間」とすることも可能となるため、特別条項によらずに月45時間を超えてしまう不合理な場合があり得る。そのため、改正法では、「1か月」の延長時間・休日労働の日数を必ず協定で定めなければならない。

当該事業場の業務量、時間外労働の動向その他の事情を考慮して通常予見される時間外労働の範囲内において、限度時間（1月45時間、1年360時間）を超えない時間に限る（法36条3項、4項）。

臨時的な特別の事情により原則限度時間を超えて労働させる必要がある場合には、(ⅰ)1か月について延長して労働させることができる時間及び休日に労働させることができる時間（限度時間を含め100時間未満）、(ⅱ)1年について延長して労働させることができる時間（限度時間を含め720時間以内）を協定で定めることができます。この場合は、(ⅲ)原則限度時間（月45時間〔42時間〕）を超えることができる月数（年6か月以内）を協定で定める必要があります。

本冊子発行時点現在、厚生労働省令や指針、行政解釈通達が公表されていませんが、本冊子では、「働き方改革実行計画」や制度改正の方向性を示す労働政策審議会の建議の内容等から分かる範囲で、今後省令・指針・通達で定められることが予定されている事項として記載しています。

「単月100時間未満」／「2～6か月平均で80時間以内」

原則限度時間を超える特例（年720時間以内）が認められる場合でも、最低限上回ることができない上限として、①休日労働を含み、単月100時間未満、②休日労働を含み、2～6か月平均で80時間以内、③原則限度時間である月45時間（42時間）を上回るのは年6回まで、とされています。ここで、②の「2～6か月平均で80時間以内」とは、2か月、3か月、4か月、5か月、6か月の平均で、いずれにおいても、休日労働を含んで80時間以内を満たさなければならないということです。また、原則限度時間（月45時間）は休日労働を含まないため、上記①及び②は、特例を活用しない月にも適用されます。

---

2 時間外労働・休日労働に関する指針の策定　新労基法36条7項～10項

※改正の趣旨※

現行では、労基法の規定に基づき、時間外労働の限度基準を定める厚生労働大臣の告示（限度基準告示）が定められています。改正法においても、労働時間の延長及び休日の労働について留意すべき事項、当該労働時間の延長に係る割増賃金の率その他の必要な事項について厚生労働大臣が定める指針の根拠規定が設けられ、行政官庁（労働基準監督署等）は、この指針に関し、36協定の締結当事者である使用者及び過半数労働組合または過半数代表者に対し、必要な助言・指導を行うことができることとされました。

なお、新しい指針は、今後労働政策審議会での審議を経て策定される見込みです。

●労基法の規定に基づく時間外労働・休日労働に関する新指針と行政指導

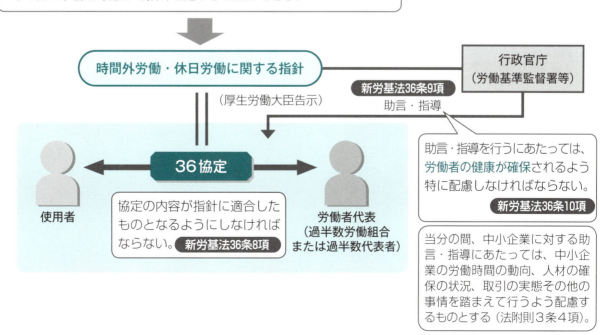

● 新指針で定める事項（予定）

現行限度基準でも定められている。

- ■ 特例による延長時間をできる限り短くする努力義務
- ■ 休日労働もできる限り抑制する努力義務
- ■ 特例に係る割増賃金率を法定基準を超える率とする努力義務
- ■ 労働時間を延長する必要のある業務の区分を細分化すること
- ■ 特例の場合に原則の上限を超えて労働した労働者に講ずる 健康確保措置として望ましい内容（例示）　　　　　など

> 特例はあくまでも例外。できる限り原則限度時間の範囲内に抑えるよう努力をすることが重要！

【省令】
協定で健康確保措置を定めなければならないこととする。

◆ 代償休日または特別な休暇の付与
◆ 健康診断の実施
◆ 連続した年次有給休暇の取得促進
◆ 心とからだの相談窓口の設置
◆ 配置転換
◆ 産業医の助言指導に基づく保健指導
＋
◆ 長時間労働を行った場合の面接指導
◆ 深夜業の回数の制限
◆ 勤務間インターバル等

> 参考：「労働基準法第38条の4第1項の規定により同項第1号の業務に従事する労働者の適正な労働条件の確保を図るための指針」
> （平11.12.27労働省告示149号）

3　現行の適用除外等の取扱い

※改正の趣旨※

　事業・業務の特性や実情から、現行の限度基準告示で適用除外とされている事業・業務については、健康確保に十分配慮し、働く人の視点に立って働き方改革を進めることを前提としながら、改正法において、別途の取扱いが定められています。

● 現行の適用除外等への上限規制の適用猶予・特例

事業・業務	一般則の適用猶予・特例	その他
自動車運転業務 新労基法140条	● 改正法施行5年後（平成36年4月）に時間外労働の上限規制を適用。上限は、年960時間。 ● 改正法施行5年後も「月100時間未満／2～6か月平均80時間以内」（新労基法36条6項2号・3号）、「月45時間を超えることができるのは年6回まで」（同条5項）を適用しない。	5年後以降も、将来的な一般則適用を引き続き検討。 法附則12条2項
建設事業 新労基法139条	● 改正法施行5年後（平成36年4月）に一般則を適用。 ● ただし、災害時における復旧・復興の事業については、「月100時間未満／2～6か月平均80時間以内」を適用しない。	5年後以降も、災害時における復旧・復興の事業について将来的な一般則適用を引き続き検討。法附則12条2項
医　師 新労基法141条	● 改正法施行5年後（平成36年4月）に時間外労働の上限規制を適用。 ● 具体的な上限時間等は、医療界の参加による検討の場において検討。結論を得たうえで省令で定める。	
新技術・新商品等の研究開発業務 新労基法36条11項	● 健康確保措置（医師の面接指導、代替休暇の付与等）を設けたうえで、時間外労働の上限規制は適用しない。 ● 時間外・休日労働が一定時間を超える場合に面接指導の実施義務（改正安衛法66条の8の2、18頁参照）	
鹿児島県及び沖縄県における砂糖製造業 新労基法142条	● 改正法施行5年後（平成36年4月）に一般則を適用。 ● 平成36年3月までは、「月100時間未満／2～6か月平均80時間以内」を適用しない。	

2 月60時間超の時間外労働に係る割増賃金率の中小企業への適用猶予措置廃止

（労基法138条削除）

改正の趣旨

平成22年4月施行の改正労基法により、時間外労働が月60時間を超えた場合のその超えた部分に適用される法定割増賃金率が50％に引き上げられましたが、中小企業についてはその適用が猶予されていました。今回の改正法は、長時間労働の抑制、労働者の健康確保の観点から、中小企業への適用猶予措置を廃止することとし、中小企業の経営環境の現状を考慮して平成35年4月1日からこの規定を適用することとしました。

中小企業にも月60時間超の割増賃金率を適用

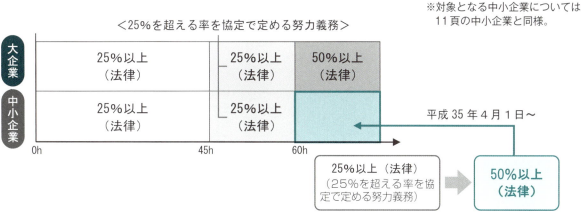

※対象となる中小企業については11頁の中小企業と同様。

3 使用者の年次有給休暇の時季指定義務

改正の趣旨

年次有給休暇の取得率が依然として5割に満たず、年次有給休暇をほとんど取得していない労働者に長時間労働の傾向がみられることから、年次有給休暇が確実に取得できる仕組みとして、付与日数が10日以上の労働者を対象に、年5日については、時季を指定して年次有給休暇を与えることを使用者に義務づけることとされました。

1 使用者の年次有給休暇の時季指定　新労基法39条7項

使用者は、年次有給休暇の付与日数が10日以上の労働者に対し、そのうちの5日について、年次有給休暇が発生した日（基準日）から1年以内に、労働者ごとに時季を定めて与えなければなりません。

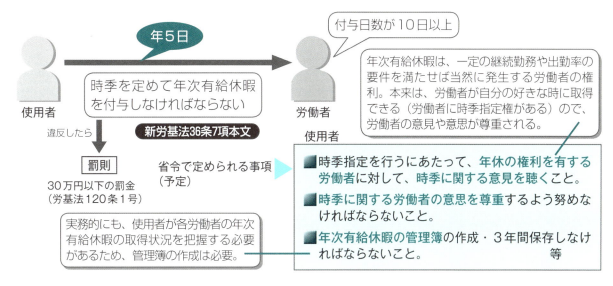

3 労働時間制度・労働者の健康確保に関する改正

> **法定より繰り上げて年次有給休暇を付与する場合**
> 　企業によっては、法定の基準日（継続勤務6か月経過日から1年ごとに区分した各期間の初日。法定の年次有給休暇を付与する日）よりも前の日に繰り上げて付与している場合（例えば、入社日から与えるなど）があります。この場合には、「厚生労働省令で定めるところにより、労働者ごとにその時季を定めることにより与えなければならない」（新労基法39条7項ただし書き）とされています。具体的には、使用者はいつまでに時季を定めて取得させなければならないかなど、今後省令で定められるものと思われます。

2　使用者が時季指定して付与しなくてもよい場合　　新労基法39条8項

　①労働者が時季指定して取得した年次有給休暇がある場合（労基法39条5項）または、②労使協定により年次有給休暇の計画的付与を行った場合（同条6項）は、その与えた有給休暇の日数分については、使用者が時季指定して付与する必要はありません。

● 労働者による時季指定、計画的付与による年次有給休暇がある場合

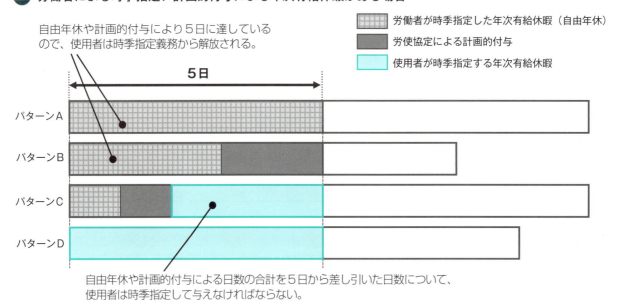

4　面接指導制度の拡充

> **改正の趣旨**
> 　今般の改正では、過労死等のリスクが高い状況にある労働者を見逃さないようにするため、産業医による面接指導や健康相談等が確実に実施されるようにし、企業における労働者の健康管理を強化するとともに、労働時間制度の改正にも関連して労働者の健康確保の観点から、労働安全衛生法も改正されています。上限規制の適用が除外される新技術・新商品等の研究開発業務に従事する労働者や、新たに導入される高度プロフェッショナル制度の適用を受ける労働者を対象とする面接指導制度が新設されました。

1　新技術・新商品等の研究開発業務従事者への面接指導の実施義務　　新安衛法66条の8の2

　事業者は、時間外労働の上限規制の適用が除外される新技術・新商品等の研究開発業務（16頁参照）に従事する労働者のうち、時間外・休日労働時間数が厚生労働省令で定める時間を超えたものについて、医師による面接指導を行わなければなりません。

面接指導と事後措置の流れ

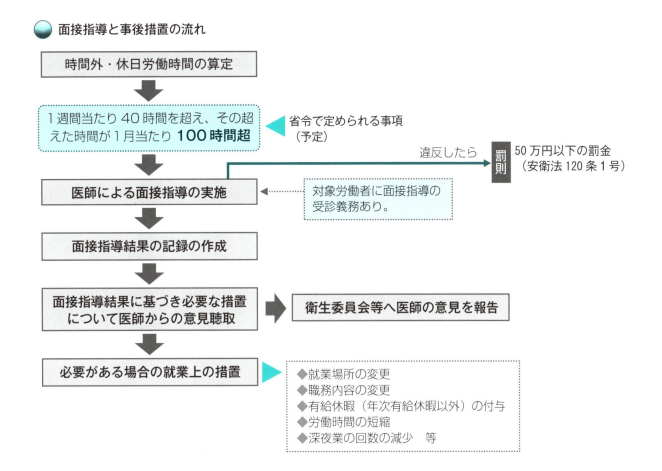

2 高度プロフェッショナル制度の対象労働者への面接指導の実施義務　　新安衛法66条の8の4

　事業者は、今回の改正で創設された新労基法41条の2の高度プロフェッショナル制度（**22頁参照**）が適用される労働者のうち、健康管理時間（在社時間＋事業場外で労働した時間）が厚生労働省令で定める時間を超えたものについて、医師による面接指導を行わなければなりません。

　面接指導制度の基本的な仕組みは、1と同様ですが、面接指導の対象となる時間のとらえ方や、就業上の措置の内容などに違いがあります。

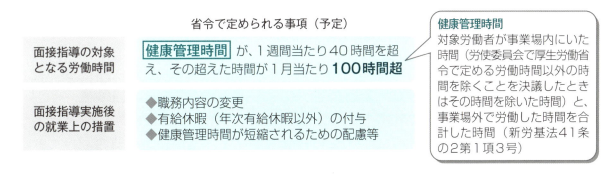

3 面接指導の対象となる時間の要件の改正（省令改正予定）　　安衛法66条の8、安衛則52条の2

　現行の長時間労働者に対する面接指導の実施義務は、その対象となる時間外・休日労働時間について、「1週間当たり40時間を超えて労働させた場合におけるその超えた時間が1月当たり100時間を超えた場合」とされていますが（安衛則52条の2第1項）、これを改正して「1月当たり80時間を超えた場合」とすることが予定されています。

5 労働時間の把握　新安衛法66条の8の3

改正の趣旨

現行では、労働時間の把握について、「労働時間の適正な把握のために使用者が講ずべき措置に関するガイドライン」（平29.1.20基発0120第3号）が通達で示されています。また、長時間労働者に対する面接指導を実施する前提として、労働者の労働時間を把握する必要があります。そこで、労働安全衛生法に、労働時間の把握を事業者に義務づける規定が設けられました。

事業者は、面接指導（従来からの面接指導（安衛法66条の8）、新技術等の研究開発業務従事者を対象とする面接指導（新安衛法66条の8の2））を実施するため、厚生労働省令で定める方法により、労働者の労働時間の状況を把握しなければなりません。省令には、管理監督者を含むすべての労働者を対象として、労働時間の把握について、客観的な方法その他適切な方法によらなければならないことや、把握した労働時間の記録の作成・保存等について定められる予定です。労働時間の把握方法など具体的な内容は、現行通達である「労働時間適正把握ガイドライン」を参考に、通達で示される見込みです。

> **高度プロフェッショナル制度の適用労働者の労働時間の把握**
>
> 高度プロフェッショナル制度の適用労働者の労働時間の把握については、新安衛法66条の8の3の規定ではなく、新労基法41条の2第1項3号の規定によります（24頁参照）。

多様で柔軟な働き方の実現

1 フレックスタイム制の見直し

改正の趣旨

仕事と生活の調和を図りつつ、メリハリのある働き方を可能とするため、フレックスタイム制の清算期間の上限を延長する等、より柔軟で利用しやすい制度へと見直しが行われました。

1 清算期間の上限の延長　新労基法32条の3第1項・2項

現行では、フレックスタイム制の清算期間（契約上労働者が労働すべき時間を定める期間であって、その期間を平均し1週間当たり40時間（特例措置対象事業場は44時間）を超えない範囲内で労働させる期間）の上限は「1か月」とされていますが、改正により「3か月」に延長されました。

○ フレックスタイム制における労働時間の過不足があった場合と清算期間の延長

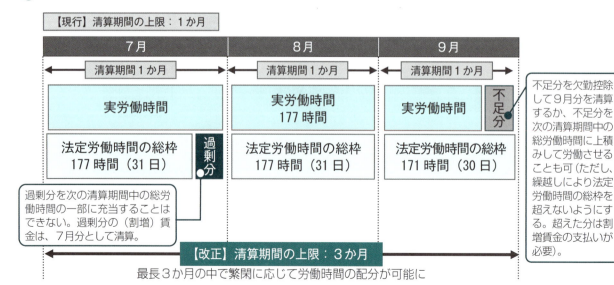

また、清算期間が1か月を超え3か月以内の場合は、当該清算期間をその開始の日以後1か月ごとに区分した各期間（最後に1か月未満の期間が生じたときはその期間）ごとに各期間を平均し1週間当たり50時間を超えない範囲内で労働させることができます。この場合に、1週間当たり50時間を超えて労働させた時間については、当該月における割増賃金の支払い対象となります。

> **労使協定の届出**
> 　フレックスタイム制を導入する場合の労使協定は、従来は所轄労働基準監督署への届出は不要でしたが、今回の改正により、清算期間が「1か月を超え3か月以内」の場合に限り、その労使協定を所轄労働基準監督署へ届け出る必要があります（新労基法32条の3第4項）。

2　完全週休2日制の下での法定労働時間の計算方法　新労基法32条の3第3項

　完全週休2日制の下でフレックスタイム制を実施する場合、曜日のめぐりによっては、1日8時間の労働でも、法定労働時間の総枠を超える場合があります。現行では、通達により、一定の要件を満たす場合に特例的な計算方法を認め、総枠を超える労働でも時間外労働と扱わないことができることとされています。しかし、適用労働者の働き方次第で各日の労働時間が「概ね8時間」とならず、特例要件を満たせない場合があるという問題もあります。

　そこで改正法では、完全週休2日制の事業場において、労働時間の限度について、当該清算期間における所定労働日数に8時間を乗じて得た時間とする旨を労使協定で定めたときは、「清算期間を平均し1週間当たりの労働時間」が、「当該清算期間における日数を7で除して得た数をもってその時間を除して得た時間」を超えない範囲内で労働させることができることとしています（具体的な計算方法は、下図参照）。

● 現行通達による特例と改正法による計算方法

［現行通達による特例］（平9.3.31基発228号）

〈要件〉
① 清算期間が1か月
② 完全週休2日制
③ 29日目（4週間を超える日の初日）を起算日とする1週間の労働時間が40時間を超えない
④ 労働日ごとの労働時間が概ね8時間

〈特例的な計算方法〉

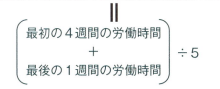

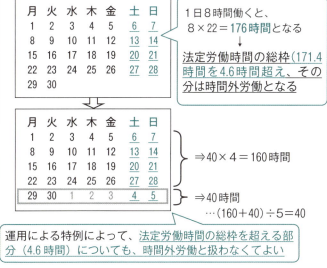

※上記は、厚生労働省の労働政策審議会労働条件分科会提出資料より

［改正法による計算方法］
　労使協定で、労働時間の限度について、「当該清算期間における所定労働日数に8時間を乗じて得た時間」とする旨を定めた場合は、下記を満たす範囲内で労働させることができる。

| 清算期間を平均し1週間当たりの労働時間 | ≦ | 当該清算期間における日数を7で除して得た数をもってその時間を除して得た時間 |

　上記のカレンダーの例（清算期間の日数：30日　所定労働日数：22日）に当てはめると、
「当該清算期間における所定労働日数に8時間を乗じた時間」＝22日×8時間＝176時間
「清算期間を平均し1週間当たりの労働時間」が、176時間÷（30日÷7）＝41.0666…
≒41時間を超えない範囲内で労働させることができる。

3 フレックスタイム制で労働させた期間が当該清算期間よりも短い労働者の取扱い

新労基法32条の3の2

清算期間が1か月を超える場合で、清算期間途中に入社または退社等により労働させた期間が当該清算期間よりも短い場合については、当該労働させた期間を平均し1週間当たり40時間を超えて労働させた場合においては、その超えた時間について労基法37条に従い、割増賃金を支払わなければなりません。

2 特定高度専門業務・成果型労働制（高度プロフェッショナル制度）の創設

新労基法41条の2

改正の趣旨

時間ではなく成果で評価される働き方を希望する労働者のニーズに応え、その意欲や能力を十分に発揮できるようにするため、職務の範囲が明確で一定の年収要件を満たす労働者を対象に、一定の手続や健康確保措置を講じることを要件として、労働時間、休日、深夜の割増賃金等の規定を適用除外とする特定高度専門業務・成果型労働制（高度プロフェッショナル制度）が創設されました。

1 制度の基本的な仕組みと要件

この制度は、高度な専門的知識等を必要とする一定の業務に従事する一定範囲の労働者について、使用者が健康確保措置を講じることを要件として、制度導入に係る労使委員会の決議を行政官庁（労働基準監督署）に届け出た場合に、対象労働者本人の同意を得て、労働基準法第4章で定める労働時間、休憩、休日及び深夜の割増賃金に関する規定の適用を除外するものです。

●高度プロフェッショナル制度の概要

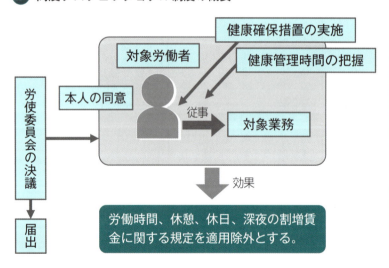

2 対象業務・対象労働者

高度プロフェッショナル制度の対象業務及び対象労働者の範囲は次のとおりです。なお、これらの具体的な内容は、今後省令で定められる予定です。

| 対象業務 | ① 高度の専門的知識等を必要とし、
② その性質上従事した時間と従事して得た成果との関連性が通常高くないと認められる業務
新労基法41条の2第1項1号 | 省令
（予定） | ◆金融商品の開発業務
◆金融商品のディーリング業務
◆アナリストの業務（企業・市場等の高度な分析）
◆コンサルタントの業務（事業・業務の企画運営に関する高度な考案または助言）
◆研究開発業務　　　　　　　　　等 |

対象労働者の範囲	次の①、②のいずれにも該当する労働者 ① 職務を明確に定める「職務記述書」等により同意している労働者 　使用者との間の書面その他の厚生労働省令で定める方法による合意に基づき、職務が明確に定められている。 ② 年収要件 　1年間に支払われることが確実に見込まれる賃金の額が、平均給与額の3倍を相当程度上回る。 新労基法41条の2第1項2号

> 対象労働者に制度を適用するには、本人の同意（書面等）を得る必要があります。この制度は、希望しない労働者には適用されません。

省令（予定）→ 5年までの有期労働契約が認められる高度の専門的知識等を有する者として労基法14条1項の規定に基づき厚生労働大臣が定める基準（平15.10.22厚生労働省告示356号）の内容（年収要件：1,075万円）を参考に省令で定める予定。

2　労使委員会の決議

　制度を導入するには、賃金、労働時間等当該事業場における労働条件に関する事項を調査審議し、事業主に対し意見を述べることを目的とする「労使委員会」で、制度の内容等について委員5分の4以上の多数による決議を行い、その決議を行政官庁（所轄の労働基準監督署）へ届け出なければなりません。決議事項は、下図のとおりです。なお、委員の構成等労使委員会に関する事項は、企画業務型裁量労働制の場合と同様です（新労基法41条の2第3項→同法38条の4第2項準用）。

導入手続〜労使委員会の決議

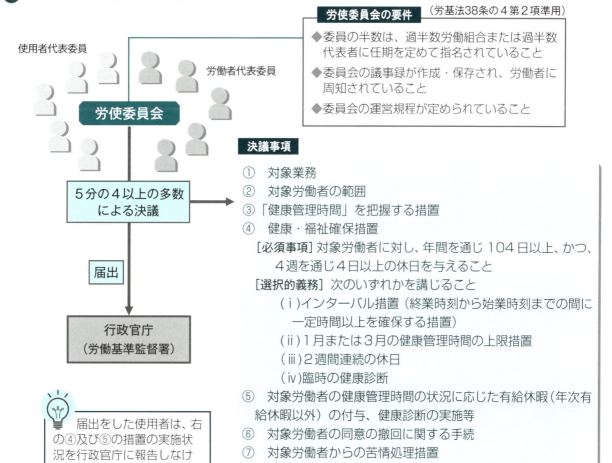

> **労使委員会の決議（企画業務型裁量労働制の規定の準用）**
>
> 　高度プロフェッショナル制度の導入に係る労使委員会の決議については、企画業務型裁量労働制（労基法38条の４）の規定を準用し（新労基法41条の２第３項→38条の４第３項）、委員は、当該決議の内容が、同法38条の４第３項の指針（現行では、企画業務型裁量労働制について「労働基準法第38条の４第１項の規定により同項第１号の業務に従事する労働者の適正な労働条件の確保を図るための指針」（平11.12.27労働省告示149号）が定められている）に適合したものとなるようにしなければならないとしています（新労基法41条の２第４項）。また、行政官庁は、この指針に関し、委員に対して必要な助言・指導を行うことができます（同条５項）。
>
> 　さらに、労使委員会の決議は、企画業務型裁量労働制の場合と同様に、労働時間等に関する労使協定（36協定や変形労働時間制、年次有給休暇に関する労使協定等）に代替することができます（新労基法41条の２第３項→38条の４第５項を準用）。

3　健康・福祉確保措置等　新労基法41条の2第1項3～6号

　制度の適用対象者については、割増賃金の規定の適用が除外されるため、割増賃金の算定基礎としての労働時間を把握する必要はありません。しかし、本制度は、労働時間等の規定の適用がないからといって際限なく長時間労働をさせることを容認する趣旨ではありません。そこで、対象労働者の健康確保の観点から、使用者は、在社時間等の「健康管理時間」を把握したうえで、これに基づく健康・福祉確保措置を講じなければならないこととしています。

　また、健康・福祉確保措置については、前記の労使委員会の決議事項とされており、使用者は、労使委員会の決議で定めるところにより、措置を講じなければなりません。決議した措置を講じていなかった場合には、制度の適用要件を満たさないものとして取り扱われます。

● 健康管理時間の把握、健康・福祉確保措置

健康管理時間の把握

健康管理時間 ▶ 事業場内にいた時間＋事業場外で労働した時間

（労使委員会が厚生労働省令で定める労働時間以外の時間を除くことを決議した場合はその時間を除いた時間）

把握方法
客観的な方法（タイムカードやパソコンの起動時間等）によることを原則とし、事業場外で労働する場合に限って自己申告を認める等（省令・指針予定）。

健康・福祉確保措置

必ず講じる　年間を通じ104日以上、かつ、４週を通じ４日以上の休日を与える

右の①～④のうちいずれかを講じる（選択的措置義務）

① 24時間について継続した一定の時間以上の休息時間を確保し、かつ、１か月について深夜業は一定の回数以内とする

② １か月または３か月について、健康管理時間を一定の時間を超えない範囲内とする

③ １年に１回以上の継続した２週間の休日を与える
（労働者からの請求があれば、１年に２回以上の継続した１週間の休日でもよい。年次有給休暇を与えた日を除く）

④ 健康管理時間の状況等を考慮して健康診断を実施する
※このほか、省令で定める事項のうちから労使で定めた措置を実施。

具体的な休息時間、深夜業の回数の基準や、健康診断の要件等については、省令で定められる予定。

労働時間等設定改善法の見直し

1 勤務間インターバル制度導入の努力義務　新労働時間等設定改善法2条1項

改正の趣旨

労働者が十分な生活時間や睡眠時間を確保し、ワーク・ライフ・バランスを保ちながら働き続けることを可能とするものとして、「勤務間インターバル（前日の終業時刻と翌日の始業時刻の間に一定期間の休息時間を置く）」の確保に努めることが、「事業主等の責務」を規定する労働時間等設定改善法2条に明記されました。

勤務間インターバルの例

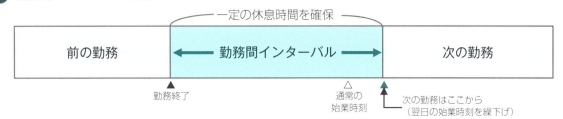

事業主等の責務

事業主は、その雇用する労働者の労働時間等の設定の改善を図るため、業務の繁閑に応じた労働者の始業及び終業の時刻の設定、<u>健康及び福祉を確保するために必要な終業から始業までの時間の設定</u>、年次有給休暇を取得しやすい環境の整備その他の必要な措置を講ずるように努めなければならない。　（下線部追加）

（参考）勤務間インターバルサイト（勤務間インターバルの導入事例、助成金等に関する情報提供）
https://www.mhlw.go.jp/seisakunitsuite/bunya/koyou_roudou/roudoukijun/jikan/interval/
勤務間インターバルを自主的に導入しようとする中小企業事業主に対して、導入に係る経費の一部を助成する「時間外労働等改善助成金」（勤務間インターバル導入コース）があります（55頁参照）。

2 企業単位での労働時間等の設定改善に係る労使の取組の推進

改正の趣旨

企業単位での労働時間等の設定改善に係る労使の取組を促進するため、企業全体を通じて一の「労働時間等設定改善企業委員会」を新たに労働時間等設定改善法に位置づけ、同委員会の決議に法律上の特例を設けるとともに、同法に基づく労働時間等設定改善指針にも、企業単位での労使の話し合いや取組の促進を新たな柱として位置づけることとしたものです。

1　労働時間等設定改善企業委員会の決議に係る特例　新労働時間等設定改善法7条の2

労働時間等の設定改善に関する事項の調査審議を行う労使協議機関である労働時間等設定改善委員会（労働時間等設定改善法6条）のうち、全部の事業場を通じて一の委員会であって一定の要件に適合する「労働時間等設定改善企業委員会」に調査審議させ、事業主に対して意見を述べさせることを書面による労使協定で定めた場合には、同委員会の5分の4以上の多数による決議をもって、関係事業場における代替休暇（労基法37条3項）、時間単位年休（同法39条4項）及び年次有給休暇の計画的付与（同条6項）に係る労使協定に代えることができることとされました。

● 労働時間等設定改善企業委員会の決議とその特例

事業場ごとに過半数労働組合（なければ過半数代表者）との書面による労使協定

（労働時間等設定改善企業委員会に調査審議させ、事業主に意見を述べさせる旨定めた労使協定）

労働時間等設定改善企業委員会

事業主代表委員と労働者代表委員により構成

委員会の要件

①委員の半数が、事業主の雇用する労働者の過半数で組織する労働組合（なければその労働者の過半数を代表する者）の推薦に基づき指名されていること

②議事録を作成し、保存されていること

③その他厚生労働省令で定める要件を満たすこと

委員の5分の4以上の多数による決議

●時間外労働が月60時間超の場合に付与する代替休暇（労基法37条3項）
●時間単位年休（同法39条4項）
●年次有給休暇の計画的付与（同法39条6項）

当該決議をもって、関係事業場における上記に係る労使協定に代替できる。

---

2 一定要件を満たす衛生委員会等を労働時間等設定改善委員会とみなす規定の廃止

（労働時間等設定改善法7条2項削除）

　従来、委員の半数が事業場の過半数労働組合または過半数代表者の推薦に基づき指名されているなどの一定要件を満たす衛生委員会等（安全衛生委員会を含む）について、労働時間等設定改善委員会とみなしてその決議について同委員会と同様に特例が認められていました（同法7条2項）。改正法では、労働時間等の設定改善措置についての調査審議機会をより適切に確保する観点から、このみなし規定が廃止されることになりました（ただし、平成34年3月末までの間有効とする経過措置あり）。

3 その他

1 定義規定の改正　　**新労働時間等設定改善法1条の2第2項**

労働時間等の設定 ▶ 労働時間、休日数、年次有給休暇を与える時季、<u>深夜業の回数、終業から始業までの時間</u>その他の労働時間等に関する事項を定めること。

下線部追加

2 事業主等の責務規定への追加　　**新労働時間等設定改善法2条4項**

　労働時間等設定改善法の事業主等の責務規定に、事業主の取引上必要な配慮をすべき努力義務が追加されました。

下線部追加

事業主等の責務

　事業主は、他の事業主との取引を行う場合において、<u>著しく短い期限の設定及び発注の内容の頻繁な変更を行わないこと</u>、当該他の事業主の講ずる労働時間等の設定の改善に関する措置の円滑な実施を阻害することとなる取引条件を付けないこと等取引上必要な配慮をするように努めなければならない。

産業医・産業保健機能の強化

1 産業医の活動環境の整備

改正の趣旨
産業医等が医学専門的な立場から働く人一人ひとりの健康確保のため効果的な活動を行いやすい環境を整備するため、産業医の独立性・中立性を強化する仕組みや、産業医が労働者の健康確保対策により関与を強め、実効性を持たせる仕組みとして、産業医の権限や業務の明確化、労働者への周知等について制度の見直しが行われました。

1 産業医の誠実職務遂行の責務　新安衛法13条3項

産業医が企業内で独立性・中立性をもって職務を行えるよう、産業医について、専門的な知識に基づいて誠実にその職務を行う責務が、法律上明確にされました。

●産業医の独立性・中立性強化に関して省令で定める事項（予定）
- 産業医が産業医学に関する知識・能力の維持向上に努めなければならないこと。
- 産業医が離任した場合には、事業者はその旨及びその理由を衛生委員会に報告すること。　等

2 産業医の勧告の衛生委員会への報告　新安衛法13条6項

従来から、産業医は、労働者の健康を確保するために必要があると認められるときに、労働者の健康管理等について必要な勧告を行うことができるとされています。しかし、産業医からなされる勧告が事業場の実情等に十分考慮され、他方、産業医の勧告の趣旨が事業者に十分に理解され、企業内で適切に共有されなければ有効に機能しません。改正法は、勧告の実効性を確保するため衛生委員会等に対し、産業医が行った労働者の健康管理等に関する勧告の内容等を報告することを事業者に義務づけています。

●省令で定める事項（予定）
- 産業医は、勧告前にその内容について、あらかじめ事業者から意見を求めなければならないこと。
- 事業者は、勧告の内容、講じた措置を記録・保存しなければならないこと。　等

3 労働者が産業医・産業保健スタッフに直接健康相談ができる体制整備　新安衛法13条の3

過重な長時間労働やメンタルヘルス不調などにより過労死等のリスクが高い状況にある労働者を見逃さないようにするため、改正法では、労働者が産業医・産業保健スタッフに直接健康相談できる仕組みなど、労働者が安心して健康相談を受けられる体制の整備等に努める事業者の努力義務が明記されました。

 産業医の選任義務のない事業場（常時労働者数50人未満）で産業医等を選任している場合にも適用されます。

4 産業医の業務内容等の周知　新安衛法101条2項・3項

産業医を選任した事業者は、産業医の業務の内容等を、常時各作業場の見やすい場所に掲示し、または備え付けるなどの方法により、労働者に周知させなければなりません（産業医の選任義務のない労働者数50人未満の事業場で、必要な医学的知識を有する医師等に労働者の健康管理等を行わせる事業者については努力義務）。

●省令で定める事項（予定）
- 周知させる事項（産業医等の業務の内容、産業医等への健康相談の申出方法、事業場における健康情報の取扱方法等）
- 周知の方法（見やすい場所に掲示、備え付けのほか、書面の交付、パソコン等で常時確認できるようにする等）

2 労働者の健康管理等に必要な情報の産業医等への提供

※改正の趣旨※

産業医が労働者の健康管理等を適切に行うためには、必要な情報が産業医に提供される必要があります。改正法では、事業者に対して、産業医への必要な情報の提供義務（産業医の選任義務のない事業者は努力義務）を課すこととする一方、取り扱う労働者の健康状態等に関する情報は個人のプライバシーに関わるものになり得るため、その適正な取扱いについてルールを明確にしています。

1　労働者の健康管理等に必要な情報の産業医等への提供　　新安衛法13条4項、13条の2第2項

産業医を選任した事業者は、産業医に対し、労働者の労働時間に関する情報その他の産業医が労働者の健康管理等を適切に行うために必要な情報を提供しなければなりません（産業医の選任義務のない労働者数50人未満の事業場で産業医等を選任している場合は努力義務）。

● 提供すべき情報（省令で定められる予定）

■健康診断結果について医師からの意見を勘案した就業上の措置（安衛法66条の5第1項等）の内容、措置を講じていない場合はその旨とその理由

■1週について40時間を超えて労働した場合のその超えた時間が 1か月当たり80時間 を超えた労働者の氏名、その労働者に係る超えた時間に関する情報

■労働者の業務に関する情報で、健康管理等を行うために必要なもの

> 現行では「1か月当たり100時間」（安衛則52条の2第3項）。今回の改正では、現行上省令で定められている労働時間に関する情報提供義務を法律に格上げするとともに、情報提供の対象労働者の範囲を拡大。

2　労働者の健康情報の適正な取扱い　　新安衛法104条

事業者は、労働安全衛生法令上の措置の実施に関し、労働者の心身の状態に関する情報（健康情報）の収集・保管・使用にあたっては、労働者の健康の確保に必要な範囲内でその情報を収集し、当該収集目的の範囲内で保管・使用しなければなりません（本人の同意がある場合その他正当な事由がある場合を除く）。また、事業者は、労働者の心身の状態に関する情報を適正に管理するために必要な措置を講じなければなりません。

● 健康情報の適正な取扱い

労働者の心身の状態に関する情報（健康情報）

事業者の義務（すべての事業場）	①収集…労働者の健康の確保に必要な範囲内で ②保管・使用…収集目的の範囲内で	**例外** 本人の同意がある場合その他正当な事由
	健康情報の適正管理のための措置	

事業者等に対し、指針に関し必要な指導等

事業者が講ずべき措置等に関する指針
（厚生労働大臣告示）

じん肺法の改正
労働安全衛生法改正と同様の内容で、じん肺法にも労働者の健康情報の適正な取扱いに関する規定が設けられました（新じん肺法35条の3）。

4 同一労働同一賃金の実現に向けたルールの整備

非正規労働者の待遇改善のための制度見直しの全体図

□は新設　　（例）改正前　改正後　×　→　○

		短時間労働者（パートタイム労働者）	有期雇用労働者	派遣労働者
不合理な待遇差の解消	均等待遇規定	○ → ○	× → ○	× → ○
	均衡待遇規定	○ → ◎	○ → ◎	× → ○（配慮義務のみ）
	ガイドライン	× → ○	× → ○	× → ○
説明義務	待遇内容	○ → ○	× → ○	○ → ○
	待遇決定に際しての考慮事項	○ → ○	× → ○	○ → ○
	待遇差の内容・理由	× → ○	× → ○	× → ○
行政による履行確保措置・裁判外紛争解決手続	行政による履行確保措置（助言・指導等）	○ → ○	× → ○	○ → ○
	行政ADR（労働局長による紛争解決援助、調停等）	△（均衡待遇は対象外） → ○	× → ○	× → ○

○…規定あり　　×…規定なし　　◎…明確化

パートタイム労働者・有期雇用労働者に係る改正

1　法律名の変更、定義、基本的理念

改正の趣旨

いわゆる非正規労働者の待遇に関して、現行では、パートタイム労働者を適用対象とするパートタイム労働法に、均等・均衡待遇に関するルールや待遇に関する説明義務など、各種規定が設けられています。一方、有期雇用労働者の待遇に関するルールについては、期間の定めがあることによる不合理な労働条件の禁止を定める労働契約法20条の規定があるのみです。非正規労働者の不合理な待遇差の解消を目的とする今般の改正では、有期雇用労働者についても、パートタイム労働者と同様のルールを整備し、両者を併せて同じ法律の規制の下に置くこととされました。

非正規雇用者の待遇に関する法律の適用関係

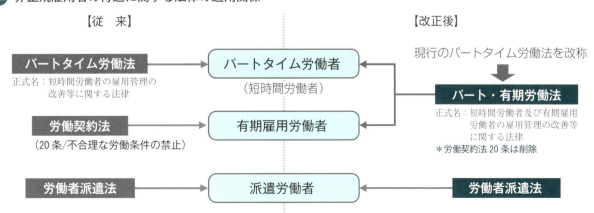

パートタイム労働者・有期雇用労働者等の定義　パート・有期労働法2条

短時間労働者（パートタイム労働者）
▶ 1週間の所定労働時間が同一の事業主に雇用される通常の労働者※の1週間の所定労働時間に比し短い労働者

※当該事業主に雇用される通常の労働者と同種の業務に従事する当該事業主に雇用される労働者にあっては、厚生労働省令で定める場合を除き、当該労働者と同種の業務に従事する当該通常の労働者

有期雇用労働者
▶ 事業主と期間の定めのある労働契約を締結している労働者

> **「短時間労働者」の定義の改正**
> 　現行法の「短時間労働者」の定義では、週の所定労働時間が同一の「事業所」に雇用される通常の労働者よりも短い労働者とされていますが、改正法では、同一の「事業主」に雇用される通常の労働者よりも週の所定労働時間が短い労働者とされています。これは、短時間労働者と通常の労働者との比較について、「事業所」単位から「事業主」単位に変更されたことを意味するもので、これにより、例えば、その事業所に待遇を比較すべき「通常の労働者」（正社員）がいない場合でも、同一企業の他の事業所にいる「通常の労働者」と比較することが可能になります。

 以下、本冊子では、短時間労働者（パートタイム労働者）と有期雇用労働者を併せて「パート・有期雇用労働者」といいます。

基本的理念規定の新設　パート・有期労働法2条の2

基本的理念
　短時間・有期雇用労働者及び短時間・有期雇用労働者になろうとする者は、生活との調和を保ちつつその意欲及び能力に応じて就業することができる機会が確保され、職業生活の充実が図られるように配慮されるものとする。

パート・有期労働法の規定の適用対象の拡大
　従来パートタイム労働者に適用されていたパートタイム労働法が、改正により、パートタイム労働者及び有期雇用労働者を適用対象とすることになったため、いわゆる「フルタイムパート」あるいは「疑似パート」であっても、有期労働契約で雇用されていれば本法が適用されます。
　また、今般改正されたパート・有期労働法の規定のほか、パートタイム労働法の従前からの規定（労働条件の文書の交付等による明示、就業規則の作成手続、賃金決定や教育訓練等の均衡待遇、通常の労働者への転換、相談体制の整備等）も、パートタイム労働者と同じように有期雇用労働者に適用されることになります。

2　不合理な待遇差を解消するためのルール

1　均衡待遇規定の明確化　パート・有期労働法8条

※改正の趣旨※
　現行法には、正規雇用労働者（いわゆる正社員等）とパートタイム労働者・有期雇用労働者との待遇差について、①職務の内容、②職務内容・配置の変更範囲、③その他の事情を考慮して不合理であってはならないとするパートタイム労働法8条及び労働契約法20条の規定があります。しかし、具体的な個々の待遇の違いを判断する際に、上記の考慮要素では解釈の幅があるため必ずしも明確でなく、不合理か否かの判断について予見可能性が高いとはいえないという問題があります。そこで、改正法では、個々の待遇ごとに、その待遇の性質・目的に照らして適切と認められる事情を考慮して判断されるべき旨を明確にしたうえ、不合理となる場合・ならない場合を具体的に示すガイドラインを法律の規定と一体となるものとして位置づけました（ガイドライン（案）は35頁参照）。

不合理な待遇差の禁止

【従来】

パートタイム労働法8条

短時間労働者の待遇を、当該事業所に雇用される通常の労働者の待遇と相違するものとする場合において、

当該待遇の相違は、当該短時間労働者及び通常の労働者の

考慮要素
- ①職務内容（業務の内容及び当該業務に伴う責任の程度）
- ②職務内容・配置の変更範囲
- ③その他の事情

を考慮して、不合理と認められるものであってはならない。

※有期雇用労働者に関する現行労働契約法20条も基本的には同様の規定。

💡 ここでいう「待遇」とは、労働契約の内容である労働条件のみでなく、広く待遇一般をいいます。

【改正後】

パート・有期労働法8条

短時間・有期雇用労働者の基本給、賞与その他の待遇のそれぞれについて、

当該待遇に対応する通常の労働者の待遇との間において、当該短時間・有期雇用労働者及び通常の労働者の

考慮要素
- ①職務内容（業務の内容及び当該業務に伴う責任の程度）
- ②職務内容・配置の変更範囲
- ③その他の事情

のうち、当該待遇の性質及び当該待遇を行う目的に照らして適切と認められるものを考慮して、不合理と認められる相違を設けてはならない。

↑ 法律に根拠規定を持ち、パート・有期労働法8条と一体のもの

同一労働同一賃金ガイドライン＊

待遇差の不合理性判断について、具体的に示したもの。（35頁参照）
＊現時点では「ガイドライン案」

不合理性の判断方法のポイント （労働政策審議会建議に示されている内容から）

判断方法の基本

事業主等の主観ではなく、客観的な実態を踏まえて判断する。

個々の待遇ごとに、その **待遇の性質・目的** に対応する考慮要素で判断する。

↓ ただし、個別の事案に応じ、非正規雇用労働者を含めた労使協議経過等を踏まえ、複数の待遇を合わせて不合理と認められるか否かを判断すべき場合があると考えられる。

考慮要素

パート・有期労働法8条
- ①職務内容
- ②職務内容・配置の変更範囲
- ③その他の事情

その待遇の性質・目的に照らして適切と認められる考慮要素を勘案して判断する。
➡ その待遇によって、不合理性を判断する考慮要素は異なる。

そのほか「職務の成果」「能力」「経験」など。また、労使交渉の経緯等が個別事案の事情に応じて含まれ得る。

比較対象

① 比較対象となる「通常の労働者」（正規雇用労働者）が同一の事業所にいないときは、同一の使用者に雇用される他の事業所の「通常の労働者」が比較対象となり得る。

② 「通常の労働者」との比較ではなく、通常の労働者の「待遇」と比較する。
（「誰と」比較するのかではなく、「誰のどの待遇」と比較するのか）
➡ 個々の待遇ごとに比較される「通常の労働者」は変わり得る。

パート・有期労働法8条の性格

現行の労働契約法20条及びパートタイム労働法8条の規定を改正したパート・有期労働法8条の規定は、労働者が正規雇用労働者との待遇差について司法判断を求める際の根拠となる規定です。裁判で本条に基づき、その待遇差が不合理であるとされた場合には、その待遇は無効となり、パート・有期雇用労働者は、事業主に対し、不法行為に基づく損害賠償請求（民法709条）をすることが可能です。

参考判例

有期雇用の契約社員と正社員の賃金の相違について、現行の労働契約法20条の規定に基づき、その不合理性が争われた事案に関して、2つの最高裁判決が出されています。ここで、事案の概要及び判決要旨を紹介します。

■長澤運輸事件（平成30年6月1日最高裁第二小法廷判決）

[事案の概要]

一般貨物運送自動車業を営むY社を定年退職後、Y社（被告）との間で期間の定めのある労働契約を締結し、定年前と同様にバラセメントタンク車等の乗務員として就労しているX（原告）らが、期間の定めのない労働契約を締結している従業員との間に不合理な労働条件の相違が存在するとして、当該不合理な労働条件の定めは労働契約法20条により無効であり、一般の就業規則等の規定が適用されるとして、その規定により支給されるべき賃金と実際に支給された賃金との差額相当額等を請求した事案。

一審（平成28年5月13日東京地裁判決）は、Xらと正社員との労働条件の相違は不合理であるとして、Xらの請求を一部認容したが、控訴審（平成28年11月2日東京高裁判決）は、当該相違は不合理ではないとしてXらの請求を棄却した。

	無期契約労働者（正社員）	有期契約労働者（定年後嘱託社員）
基本給	在籍給＋年齢給	基本賃金＋歩合給 （月稼働額×7～12％）
職務給	あり	なし
精勤手当	あり	なし
役付手当	あり	なし
住宅手当	あり	なし
無事故手当	あり	あり
能率給	あり	なし
家族手当	あり	なし
超勤手当	あり	あり（時間外手当）
通勤手当	あり	あり
調整給	―	老齢厚生年金の報酬比例部分の支給開始までの間支給
賞与・退職金	あり	なし

[判決要旨] 一部破棄差戻し

最高裁は、原審（控訴審）の判断のうち、精勤手当及び超勤手当（時間外手当）を除く各賃金項目に係る労働条件の相違が労働契約法20条に違反しないとした部分は結論において是認することができるとしたが、精勤手当についてはXらの請求を認容し、超過手当（時間外手当）の計算の基礎に精勤手当が含まれていなかった点について原審に差し戻した。

賃金についての判断にあたっての考慮要素

「嘱託乗務員及び正社員は、その業務の内容及び当該業務に伴う責任の程度に違いはなく、業務の

都合により配置転換等を命じられることがある点でも違いはないから、両者は、職務の内容並びに当該職務の内容及び配置の変更の範囲において相違はないということができる。」「しかしながら、労働者の賃金に関する労働条件は、労働者の職務内容及び変更範囲により一義的に定まるものではなく、使用者は、雇用及び人事に関する経営判断の観点から、労働者の職務内容及び変更範囲にとどまらない様々な事情を考慮して、労働者の賃金に関する労働条件を検討するものということができる。また、労働者の賃金に関する労働条件の在り方については、基本的には、団体交渉等による労使自治に委ねられるべき部分が大きいということもできる。」

定年後再雇用であることは考慮要素となり得るか

「有期契約労働者が定年退職後に再雇用された者であることは、当該有期契約労働者と無期契約労働者との労働条件の相違が不合理と認められるものであるか否かの判断において、労働契約法20条にいう『その他の事情』として考慮されることとなる事情に当たると解するのが相当である。」

不合理性の判断方法

「労働者の賃金が複数の賃金項目から構成されている場合、個々の賃金項目に係る賃金は、通常、賃金項目ごとに、その趣旨を異にするものであるということができる。そして、有期契約労働者と無期契約労働者との賃金項目に係る労働条件の相違が不合理と認められるものであるか否かを判断するに当たっては、当該賃金項目の趣旨により、その考慮すべき事情や考慮の仕方も異なり得るというべきである。そうすると、有期契約労働者と無期契約労働者との個々の賃金項目に係る労働条件の相違が不合理と認められるものであるか否かを判断するに当たっては、両者の賃金の総額を比較することのみによるのではなく、当該賃金項目の趣旨を個別に考慮すべきものと解するのが相当である。」

各賃金項目についての判断

職務給・能率給	正社員に対して能率給及び職務給を支給する一方で、嘱託乗務員に対して能率給及び職務給を支給せずに歩合給を支給するという労働条件の相違は、不合理であるとはいえない。
精勤手当	正社員に対して精勤手当を支給する一方で、嘱託乗務員に対してこれを支給しないという労働条件の相違は、不合理であると評価することができる。
住宅手当 家族手当	正社員に対して住宅手当及び家族手当を支給する一方で、嘱託乗務員に対してこれらを支給しないという労働条件の相違は、不合理であるとはいえない。
役付手当	その支給要件及び内容に照らせば、正社員の中から指定された役付者であることに対して支給されるものであるということができ、正社員に対して役付手当を支給する一方で、嘱託乗務員に対してこれを支給しないという労働条件の相違は、労働契約法20条にいう不合理とはいえない。
超勤手当	正社員の超勤手当の計算の基礎に精勤手当が含まれるにもかかわらず、嘱託乗務員の時間外手当の計算の基礎には精勤手当が含まれないという労働条件の相違は、不合理であると評価することができるものである。
賞与・退職金	正社員に対して賞与を支給する一方で、嘱託乗務員に対してこれを支給しないという労働条件の相違は、不合理であるとはいえない。

■ハマキョウレックス事件（平成30年6月1日最高裁第二小法廷判決）

[事案の概要]

一般貨物自動車運送事業等を営むＹ社（被告）との間で、配車ドライバーとして期間の定めのある労働契約を締結したＸ（原告）が、期間の定めのない労働契約を締結したＹ社の労働者とＸの労働契約における労働条件とを比較して不合理な相違のある労働条件を定めたＸの労働契約部分は公序良俗等に反して無効であるとして、Ｙ社に対し差額賃金及び不法行為に基づく損害賠償等を求めた事案。

大津地裁差戻審（平成27年9月16日大津地裁彦根支部判決）は、通勤手当についてのみ不合理な相違があるとした。控訴審（平成28年7月26日大阪高裁判決）は、その他無事故手当、作業手当、給食手当について不合理な相違があるとし、それらについて不法行為の成立を認めたが、住宅手当、

皆勤手当、その他の労働条件（賞与等）を正社員にのみ支給することは不合理とは認められないとした。

	無期契約労働者（正社員）	有期契約労働者（定年後嘱託社員）
基本給	月給制	時給制
無事故手当	あり	なし
作業手当	あり	なし
給食手当	あり	なし
住宅手当	あり	なし
皆勤手当	あり	なし
通勤手当	あり （通勤距離に応じて支給（5万円が限度）。Xと同市内居住者は5,000円）	あり （3,000円。ただし、途中から正社員と同基準で支給）
家族手当	あり	なし
昇給賞与	あり	原則として支給なし。 ただし、会社の業績・勤務成績を考慮して昇給または賞与支給することがある。
退職金	あり	原則として支給なし。

[判決要旨] 一部破棄差戻し

　最高裁は、原審（控訴審）の判断のうち、皆勤手当を除いては原審を維持し、皆勤手当については、契約社員に支給しないという労働条件の相違は不合理であるとしたうえで、皆勤手当の支給要件を満たしているか否か等についてさらに審理を尽くさせるためこの部分につき原審へ差し戻した。

労働契約法20条の趣旨・性格

　「（労働契約法20条は、）有期契約労働者については、無期労働契約を締結している労働者と比較して合理的な労働条件の決定が行われにくく、両者の労働条件の格差が問題となっていたこと等を踏まえ、有期契約労働者の公正な処遇を図るため、その労働条件につき、期間の定めがあることにより不合理なものとすることを禁止したものである。

　そして、同条は、有期契約労働者と無期契約労働者との間で労働条件に相違があり得ることを前提に、職務の内容、当該職務の内容及び配置の変更の範囲その他の事情を考慮して、その相違が不合理と認められるものであってはならないとするものであり、職務の内容等の違いに応じた均衡のとれた処遇を求める規定であると解される。」

　「労働契約法20条が有期契約労働者と無期契約労働者との労働条件の相違は『不合理と認められるものであってはならない』と規定していることや、その趣旨が有期契約労働者の公正な処遇を図ることにあること等に照らせば、同条の規定は私法上の効力を有するものと解するのが相当であり、有期労働契約のうち同条に違反する労働条件の相違を設ける部分は無効となるものと解される。」

　「有期契約労働者と無期契約労働者との労働条件の相違が同条に違反する場合であっても、同条の効力により当該有期契約労働者の労働条件が比較の対象である無期契約労働者の労働条件と同一のものとなるものではないと解するのが相当である。」

　「同条にいう『期間の定めがあることにより』とは、有期契約労働者と無期契約労働者との労働条件の相違が期間の定めの有無に関連して生じたものであることをいうものと解するのが相当である。」

各賃金項目についての判断

住宅手当	正社員については転居を伴う配転が予定されているため、契約社員と比較して住宅に要する費用が多額となり得る。正社員に対して上記の住宅手当を支給する一方で、契約社員に対してこれを支給しないという労働条件の相違は、不合理であるとはいえない。
皆勤手当	出勤する者を確保することの必要性は、職務の内容によって両者の間に差異が生ずるものではなく、正社員に対して上記の皆勤手当を支給する一方で、契約社員に対してこれを支給しないという労働条件の相違は、不合理である。

2 同一労働同一賃金ガイドライン（案）　パート・有期労働法15条　新労働者派遣法47条の11

※改正の趣旨※

平成28年12月20日に公表された「同一労働同一賃金ガイドライン案」は、いわゆる正規雇用労働者（無期雇用フルタイム労働者）と非正規雇用労働者（有期雇用労働者、パートタイム労働者、派遣労働者）の間で待遇差が存在する場合に、待遇差が不合理なものとなる場合、不合理でない場合を具体的に示しています。今般の改正法の成立により、パート・有期労働法及び労働者派遣法にガイドライン策定の根拠規定が明確にされ、法案に関する国会審議の内容などを踏まえて今後最終的に確定する予定です。

※本冊子では、現在公表されている「ガイドライン案」の内容に沿って説明します。

● ガイドライン案の趣旨

- 対象は、基本給、昇給、ボーナス、各種手当といった賃金にとどまらず、教育訓練や福利厚生もカバー。
- 原則となる考え方を示すとともに、中小企業の方にもわかりやすいよう、典型的な事例として整理できるものについては、問題とならない例、問題となる例として、事例も多く取り入れている。
- ガイドライン案に記載していない待遇を含め、不合理な待遇差の是正を求める労働者が裁判で争えるよう、その根拠となる法律を整備。
- 同一の企業・団体における、正規雇用労働者と非正規雇用労働者の間の不合理な待遇差を是正することを目的としているため、正規雇用労働者と非正規雇用労働者の間に実際に待遇差が存在する場合に参照されることを目的としている。このため、そもそも客観的に見て待遇差が存在しない場合については、本ガイドライン案は対象としていない。

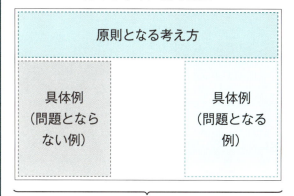

ガイドライン案の構造

本ガイドライン案でいう「無期雇用フルタイム労働者」とは、いわゆる「正社員」を含む無期雇用フルタイム労働者全体を念頭においています。

● ガイドライン案の前文（目的）

〈原文〉

○本ガイドライン案は、正規か非正規かという雇用形態にかかわらない均等・均衡待遇を確保し、同一労働同一賃金の実現に向けて策定するものである。同一労働同一賃金は、いわゆる正規雇用労働者（無期雇用フルタイム労働者）と非正規雇用労働者（有期雇用労働者、パートタイム労働者、派遣労働者）の間の不合理な待遇差の解消を目指すものである。

○もとより賃金等の処遇は労使によって決定されることが基本である。しかし、我が国においては正規雇用労働者と非正規雇用労働者の間には欧州と比較して大きな処遇差がある。政府としては、この問題の対処に当たり、同一労働同一賃金の考え方が広く普及しているといわれる欧州制度の実態も参考としながら検証した結果、それぞれの国の労働市場全体の構造に応じた政策とすることが重要との示唆を得た。

○我が国の場合、基本給をはじめ、賃金制度の決まり方が様々な要素が組み合わされている場合も多いため、同一労働同一賃金の実現に向けて、まずは、各企業において、職務や能力等の明確化とその職務や能力等と賃金等の待遇との関係を含めた処遇体系全体を労使の話し合いによって、それぞれ確認し、非正規雇用労働者を含む労使で共有することが肝要である。

○今後、各企業が職務や能力等の内容の明確化と、それに基づく公正な評価を推進し、それに則った賃金制度を、労使の話し合いにより、可能な限り速やかに構築していくことが、同一労働同一賃金の実現には望ましい。

○不合理な待遇差の解消に向けては、賃金のみならず、福利厚生、キャリア形成・能力開発などを含めた取組が必要であり、特に、能力開発機会の拡大は、非正規雇用労働者の能力・スキル開発により、生産性の向上と処遇改善につながるため、重要であることに留意すべきである。

○このような正規雇用労働者と非正規雇用労働者の間の不合理な待遇差の解消の取り組みを通じて、どのような雇用形態を選択しても納得が得られる処遇を受けられ、多様な働き方を自由に選択できるようにし、我が国から「非正規」という言葉を一掃することを目指すものである。

ガイドライン案の内容（パート・有期雇用労働者に関する部分）

(1) 基本給

> **①基本給について、労働者の職業経験・能力に応じて支給しようとする場合**
>
> 無期雇用フルタイム労働者と同一の職業経験・能力を蓄積している有期雇用労働者又はパートタイム労働者には、職業経験・能力に応じた部分につき、同一の支給をしなければならない。また、蓄積している職業経験・能力に一定の違いがある場合においては、その相違に応じた支給をしなければならない。

＜問題とならない例①＞
基本給について労働者の職業経験・能力に応じて支給しているＡ社において、ある職業能力の向上のための特殊なキャリアコースを設定している。無期雇用フルタイム労働者であるＸは、このキャリアコースを選択し、その結果としてその職業能力を習得した。これに対し、パートタイム労働者であるＹは、その職業能力を習得していない。Ａ社は、その職業能力に応じた支給をＸには行い、Ｙには行っていない。

＜問題とならない例②＞
Ｂ社においては、定期的に職務内容や勤務地変更がある無期雇用フルタイム労働者の総合職であるＸは、管理職となるためのキャリアコースの一環として、新卒採用後の数年間、店舗等において、職務内容と配置に変更のないパートタイム労働者であるＹのアドバイスを受けながらＹと同様の定型的な仕事に従事している。Ｂ社はＸに対し、キャリアコースの一環として従事させている定型的な業務における職業経験・能力に応じることなく、Ｙに比べ高額の基本給を支給している。

＜問題とならない例③＞
Ｃ社においては、同じ職場で同一の業務を担当している有期雇用労働者であるＸとＹのうち、職業経験・能力が一定の水準を満たしたＹを定期的に職務内容や勤務地に変更がある無期雇用フルタイム労働者に登用し、転換後の賃金を職務内容や勤務地に変更があることを理由に、Ｘに比べ高い賃金水準としている。

＜問題とならない例④＞
Ｄ社においては、同じ職業経験・能力の無期雇用フルタイム労働者であるＸとパートタイム労働者であるＹがいるが、就業時間について、その時間帯や土日祝日か否かなどの違いにより、ＸとＹに共通に適用される基準を設定し、時給（基本給）に差を設けている。

＜問題となる例＞
基本給について労働者の職業経験・能力に応じて支給しているＥ社において、無期雇用フルタイム労働者であるＸが有期雇用労働者であるＹに比べて多くの職業経験を有することを理由として、Ｘに対して、Ｙよりも多額の支給をしているが、Ｘのこれまでの職業経験はＸの現在の業務に関連性を持たない。

> **②基本給について、労働者の業績・成果に応じて支給しようとする場合**
>
> 無期雇用フルタイム労働者と同一の業績・成果を出している有期雇用労働者又はパートタイム労働者には、業績・成果に応じた部分につき、同一の支給をしなければならない。また、業績・成果に一定の違いがある場合においては、その相違に応じた支給をしなければならない。

＜問題とならない例①＞
基本給の一部について労働者の業績・成果に応じて支給しているＡ社において、フルタイム労働者の半分の勤務時間のパートタイム労働者であるＸに対し、無期雇用フルタイム労働者に設定されている販売目標の半分の数値に達した場合には、無期雇用フルタイム労働者が販売目標を達成した場合の半分を支給している。

＜問題とならない例②＞
Ｂ社においては、無期雇用フルタイム労働者であるＸは、パートタイム労働者であるＹと同様の仕事に従事しているが、Ｘは生産効率や品質の目標値に対する責任を負っており、目標が未達の場合、処遇上のペナルティを課されている。一方、Ｙは、生産効率や品質の目標値の達成の責任を負っておらず、生産効率が低かったり、品質の目標値が未達の場合にも、処遇上のペナルティを課されていない。Ｂ社はＸに対しＹに比べ、ペナルティを課していることとのバランスに応じた高額の基本給を支給している。

＜問題となる例＞
基本給の一部について労働者の業績・成果に応じて支給しているＣ社において、無期雇用フルタイム労働者が販売目標を達成した場合に行っている支給を、パートタイム労働者であるＸが無期雇用フルタイム労働者の販売目標に届かない場合には行っていない。

基本給とは別に、「手当」として、労働者の業績・成果に応じた支給を行おうとする場合も同様である。

③基本給について、労働者の勤続年数に応じて支給しようとする場合

無期雇用フルタイム労働者と同一の勤続年数である有期雇用労働者又はパートタイム労働者には、勤続年数に応じた部分つき、同一の支給をしなければならない。また、勤続年数に一定の違いがある場合においては、その相違に応じた支給をしなければならない。

<問題とならない例>
基本給について労働者の勤続年数に応じて支給しているA社において、有期雇用労働者であるXに対し、勤続年数について当初の雇用契約開始時から通算して勤続年数を評価した上で支給している。

<問題となる例>
基本給について労働者の勤続年数に応じて支給しているB社において、有期雇用労働者であるXに対し、勤続年数について当初の雇用契約開始時から通算せず、その時点の雇用契約の期間のみの評価により支給している。

④昇給について、勤続による職業能力の向上に応じて行おうとする場合

無期雇用フルタイム労働者と同様に勤続により職業能力が向上した有期雇用労働者又はパートタイム労働者に、勤続による職業能力の向上に応じた部分につき、同一の昇給を行わなければならない。また、勤続による職業能力の向上に一定の違いがある場合においては、その相違に応じた昇給を行わなければならない。

無期雇用フルタイム労働者と有期雇用労働者又はパートタイム労働者の間に基本給や各種手当といった賃金に差がある場合において、その要因として無期雇用フルタイム労働者と有期雇用労働者又はパートタイム労働者の賃金の決定基準・ルールの違いがあるときは、「無期雇用フルタイム労働者と有期雇用労働者又はパートタイム労働者は将来の役割期待が異なるため、賃金の決定基準・ルールが異なる」という主観的・抽象的説明では足りず、賃金の決定基準・ルールの違いについて、職務内容、職務内容・配置の変更範囲、その他の事情の客観的・具体的な実態に照らして不合理なものであってはならない。

無期雇用フルタイム労働者と定年後の継続雇用の有期雇用労働者の間の賃金差については、実際に両者の間に職務内容、職務内容・配置の変更範囲、その他の事情の違いがある場合は、その違いに応じた賃金差は許容される。なお、定年後の継続雇用において、退職一時金及び企業年金・公的年金の支給、定年後の継続雇用における給与の減額に対応した公的給付がなされていることを勘案することが許容されるか否かについては、今後の法改正の検討過程を含め、検討を行う。

(2) 手当

①賞与について、会社の業績等への貢献に応じて支給しようとする場合

無期雇用フルタイム労働者と同一の貢献である有期雇用労働者又はパートタイム労働者には、貢献に応じた部分につき、同一の支給をしなければならない。また、貢献に一定の違いがある場合においては、その相違に応じた支給をしなければならない。

<問題とならない例①>
賞与について、会社の業績等への貢献に応じた支給をしているA社において、無期雇用フルタイム労働者であるXと同一の会社業績への貢献がある有期雇用労働者であるYに対して、Xと同一の支給をしている。

<問題とならない例②>
B社においては、無期雇用フルタイム労働者であるXは、生産効率や品質の目標値に対する責任を負っており、目標が未達の場合、処遇上のペナルティを課されている。一方、無期雇用フルタイム労働者であるYや、有期雇用労働者であるZは、生産効率や品質の目標値の達成の責任を負っておらず、生産効率が低かったり、品質の目標値が未達の場合にも、処遇上のペナルティを課されていない。B社はXに対して賞与を支給しているが、YやZに対しては、ペナルティを課していないこととの見合いの範囲内で、支給していない。

<問題となる例①>
賞与について、会社の業績等への貢献に応じた支給をしているC社において、無期雇用フルタイム労働者であるXと同一の会社業績への貢献がある有期雇用労働者であるYに対して、Xと同一の支給をしていない。

<問題となる例②>
賞与について、D社においては、無期雇用フルタイム労働者には職務内容や貢献等にかかわらず全員に支給しているが、有期雇用労働者又はパートタイム労働者には支給していない。

②役職手当について、役職の内容、責任の範囲・程度に対して支給しようとする場合

無期雇用フルタイム労働者と同一の役職・責任に就く有期雇用労働者又はパートタイム労働者には、同一の支給をしなければならない。また、役職の内容、責任に一定の違いがある場合においては、その相違に応じた支給をしなければならない。

<問題とならない例①>
役職手当について役職の内容、責任の範囲・程度に対して支給しているＡ社において、無期雇用フルタイム労働者であるＸと同一の役職名（例：店長）で役職の内容・責任も同一である役職に就く有期雇用労働者であるＹに、同一の役職手当を支給している。

<問題とならない例②>
役職手当について役職の内容、責任の範囲・程度に対して支給しているＢ社において、無期雇用フルタイム労働者であるＸと同一の役職名（例：店長）で役職の内容・責任も同じ（例：営業時間中の店舗の適切な運営）である役職に就く有期雇用パートタイム労働者であるＹに、時間比例の役職手当（例えば、労働時間がフルタイム労働者の半分のパートタイム労働者には、フルタイム労働者の半分の役職手当）を支給している。

<問題となる例>
役職手当について役職の内容、責任の範囲・程度に対して支給しているＣ社において、無期雇用フルタイム労働者であるＸと同一の役職名（例：店長）で役職の内容・責任も同一である役職に就く有期雇用労働者であるＹに、Ｘに比べて低額の役職手当を支給している。

③業務の危険度又は作業環境に応じて支給される特殊作業手当

無期雇用フルタイム労働者と同一の危険度又は作業環境の業務に当たる有期雇用労働者又はパートタイム労働者には同一の支給をしなければならない。

④交替制勤務など勤務形態に応じて支給される特殊勤務手当

無期雇用フルタイム労働者と同一の勤務形態で業務に当たる有期雇用労働者又はパートタイム労働者には同一の支給をしなければならない。

<問題とならない例①>
Ａ社においては、無期雇用フルタイム労働者・有期雇用労働者・パートタイム労働者の別を問わず、勤務曜日・時間を特定して勤務する労働者については、採用が難しい曜日（土日祝祭日）や時間帯（早朝・深夜）の時給を上乗せして支給するが、それ以外の労働者にはそのような上乗せ支給はしない。

<問題とならない例②>
Ｂ社においては、無期雇用フルタイム労働者であるＸは、入社に当たり、交替制勤務に従事することは必ずしも確定しておらず、生産の都合等に応じて通常勤務に従事することもあれば、交替制勤務に従事することもあり、交替制勤務に従事した場合に限り特殊勤務手当が支給されている。パートタイム労働者であるＹは、採用に当たり、交替制勤務に従事することが明確にされた上で入社し、無期雇用フルタイム労働者に支給される特殊勤務手当と同一の交替制勤務の負荷分が基本給に盛り込まれており、実際に通常勤務のみに従事するパートタイム労働者に比べ高い基本給が支給されている。Ｘには特殊勤務手当が支給されているが、Ｙには支給されていない。

⑤精皆勤手当

無期雇用フルタイム労働者と業務内容が同一の有期雇用労働者又はパートタイム労働者には同一の支給をしなければならない。

<問題とならない例>
Ａ社においては、考課上、欠勤についてマイナス査定を行い、かつ、処遇反映を行っている無期雇用フルタイム労働者であるＸには、一定の日数以上出勤した場合に精皆勤手当を支給するが、考課上、欠勤についてマイナス査定を行っていない有期雇用労働者であるＹには、マイナス査定を行っていないこととの見合いの範囲内で、精皆勤手当を支給していない。

⑥時間外労働手当

　無期雇用フルタイム労働者の所定労働時間を超えて同一の時間外労働を行った有期雇用労働者又はパートタイム労働者には、無期雇用フルタイム労働者の所定労働時間を超えた時間につき、同一の割増率等で支給をしなければならない。

⑦深夜・休日労働手当

　無期雇用フルタイム労働者と同一の深夜・休日労働を行った有期雇用労働者又はパートタイム労働者には、同一の割増率等で支給をしなければならない。

<問題とならない例>
　A社においては、無期雇用フルタイム労働者であるXと同じ時間、深夜・休日労働を行ったパートタイム労働者であるYに、同一の深夜・休日労働手当を支給している。

<問題となる例>
　B社においては、無期雇用フルタイム労働者であるXと同じ時間、深夜・休日労働を行ったパートタイム労働者であるYに、勤務時間が短いことから、深夜・休日労働手当の単価もフルタイム労働者より低くしている。

⑧通勤手当・出張経費

　有期雇用労働者又はパートタイム労働者にも、無期雇用フルタイム労働者と同一の支給をしなければならない。

<問題とならない例①>
　A社においては、採用圏を限定していない無期雇用フルタイム労働者については、通勤手当は交通費実費の全額を支給している。他方、採用圏を近隣に限定しているパートタイム労働者であるXが、その後、本人の都合で圏外へ転居した場合には、圏内の公共交通機関の費用の限りにおいて、通勤手当の支給を行っている。

<問題とならない例②>
　B社においては、所定労働日数が多い（週４日以上）無期雇用フルタイム労働者、有期雇用労働者又はパートタイム労働者には、月額の定期代を支給するが、所定労働日数が少ない（週３日以下）又は出勤日数が変動する有期雇用労働者又はパートタイム労働者には日額の交通費を支給している。

⑨勤務時間内に食事時間が挟まれている労働者に対する食費の負担補助として支給する食事手当

　有期雇用労働者又はパートタイム労働者にも、無期雇用フルタイム労働者と同一の支給をしなければならない。

<問題とならない例>
　A社においては、昼食時間帯を挟んで勤務している無期雇用フルタイム労働者であるXに支給している食事手当を、午後２時から５時までの勤務時間のパートタイム労働者であるYには支給していない。

<問題となる例>
　B社においては、無期雇用フルタイム労働者であるXには、高額の食事手当を支給し、有期雇用労働者であるYには低額の食事手当を支給している。

⑩単身赴任手当

　無期雇用フルタイム労働者と同一の支給要件を満たす有期雇用労働者又はパートタイム労働者には、同一の支給をしなければならない。

⑪特定の地域で働く労働者に対する補償として支給する地域手当

　無期雇用フルタイム労働者と同一の地域で働く有期雇用労働者又はパートタイム労働者には、同一の支給をしなければならない。

<問題とならない例>
　A社においては、無期雇用フルタイム労働者であるXには全国一律の基本給体系である一方、転勤があることから、地域の物価等を勘案した地域手当を支給しているが、有期雇用労働者であるYとパートタイム労働者であるZには、それぞれの地域で採用、それぞれの地域で基本給を設定しており、その中で地域の物価が基本給に盛り込まれているため、地域手当は支給していない。

<問題となる例>
　B社においては、無期雇用フルタイム労働者であるXと有期雇用労働者であるYはいずれも全国一律の基本給体系であり、かつ、いずれも転勤があるにもかかわらず、Yには地域手当を支給していない。

4　同一労働同一賃金の実現に向けたルールの整備

(3) 福利厚生

①福利厚生施設（食堂、休憩室、更衣室）

無期雇用フルタイム労働者と同一の事業場で働く有期雇用労働者又はパートタイム労働者には、同一の利用を認めなければならない。

②転勤者用社宅

無期雇用フルタイム労働者と同一の支給要件（転勤の有無、扶養家族の有無、住宅の賃貸、収入の額など）を満たす有期雇用労働者又はパートタイム労働者には、同一の利用を認めなければならない。

③慶弔休暇、健康診断に伴う勤務免除・有給保障

有期雇用労働者又はパートタイム労働者にも、無期雇用フルタイム労働者と同一の付与をしなければならない。

＜問題とならない例＞
A社においては、慶弔休暇について、無期雇用フルタイム労働者であるXと同様の出勤日が設定されているパートタイム労働者であるYに対しては、無期雇用フルタイム労働者と同様に付与しているが、週2日の短日勤務のパートタイム労働者であるZに対しては、勤務日の振替での対応を基本としつつ、振替が困難な場合のみ慶弔休暇を付与している。

④病気休職

無期雇用パートタイム労働者には、無期雇用フルタイム労働者と同一の付与をしなければならない。また、有期雇用労働者にも、労働契約の残存期間を踏まえて、付与をしなければならない。

＜問題とならない例＞
A社においては、契約期間が1年である有期雇用労働者であるXに対し、病気休職の期間は契約期間の終了日までとしている。

⑤法定外年休・休暇（慶弔休暇を除く）について、勤続期間に応じて認めている場合

無期雇用フルタイム労働者と同一の勤続期間である有期雇用労働者又はパートタイム労働者には、同一の付与をしなければならない。なお、有期労働契約を更新している場合には、当初の契約期間から通算した期間を勤続期間として算定することを要する。

＜問題とならない例＞
A社においては、長期勤続者を対象とするリフレッシュ休暇について、業務に従事した時間全体を通じた貢献に対する報償の趣旨で付与していることから、無期雇用フルタイム労働者であるXに対し勤続10年で3日、20年で5日、30年で7日という休暇を付与しており、無期雇用パートタイム労働者であるYに対して、労働時間に比例した日数を付与している。

(4) その他

①教育訓練について、現在の職務に必要な技能・知識を習得するために実施しようとする場合

無期雇用フルタイム労働者と同一の職務内容である有期雇用労働者又はパートタイム労働者には、同一の実施をしなければならない。また、職務の内容、責任に一定の違いがある場合においては、その相違に応じた実施をしなければならない。

②安全管理に関する措置・給付

無期雇用フルタイム労働者と同一の業務環境に置かれている有期雇用労働者又はパートタイム労働者には、同一の支給をしなければならない。

3　有期雇用労働者の均等待遇規定の整備　　パート・有期労働法9条

✻改正の趣旨✻

現行パートタイム労働法9条は、①職務の内容が同一であること、②当該事業主との雇用関係が終了するまでの全期間において、その職務の内容及び配置が当該通常の労働者と同一の範囲で変更されることが見込まれること、のいずれにも該当するパートタイム労働者については、賃金の決定、教育訓練の実施、福利厚生施設の利用その他の待遇について、差別的取扱いをしてはならないとしています。これは、パートタイム労働者の均等待遇を定めた規定ですが、改正法は、従前からのパートタイム労働者に加え、有期雇用労働者についても同様に、均等待遇規定の対象とすることとしました。

● 均等・均衡待遇

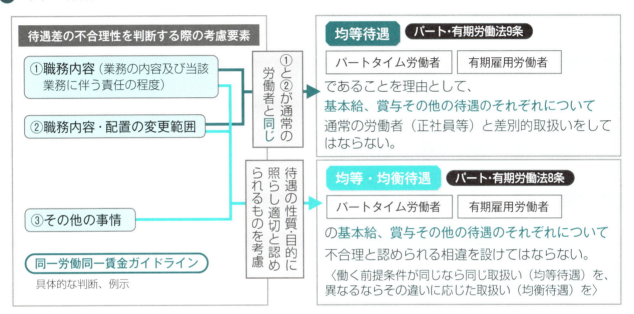

均等待遇と均衡待遇

「均等待遇」は、労働条件その他の待遇について差別的な取扱いをしてはならないという考え方であり、現行法で均等待遇について定めたものには、通常の労働者と就業の実態が同じパートタイム労働者に対する差別的取扱いを禁止するパートタイム労働法9条があります。均等待遇は、働き方の前提条件が同じならば、同じ待遇にしなければならないという考え方です。

一方、「均衡待遇」は、就業の実態等に違いがあることを前提として、その違いに応じて待遇の違いがバランスのとれたものとなっていることを求める考え方です。現行法では、労働契約法20条やパートタイム労働法8条などがあります。

改正法やこれに基づくガイドライン（案）も、それぞれの待遇について、その性質・目的に当たる事情が通常の労働者とパート・有期雇用労働者とで同じならば待遇を同じくしなければならず（均等待遇）、違いがある場合には、その違いに応じた待遇とし不合理な相違を設けてはならない（均衡待遇）という基本的な考え方によっているものと考えられます。

4　賃金の決定・教育訓練・福利厚生施設の利用　　パート・有期労働法10〜12条

✻改正の趣旨✻

従前からパートタイム労働法に定められている賃金の決定、教育訓練、福利厚生施設の利用に関する規定は、改正により、パートタイム労働者のほか、有期雇用労働者にも適用されます。なお、福利厚生施設の利用については、従来、パートタイム労働者にも利用の機会を与えるようにする事業主の配慮義務として定められていましたが、今般の改正により、パート・有期雇用労働者にも利用の機会を与えることが事業主に義務づけられました。

（参考）現行パートタイム労働法の賃金の決定・教育訓練・福利厚生に関する規定

通常の労働者と比較して、		賃　金		教育訓練		福利厚生	
職務の内容 （業務の内容 及び責任）	人材活用の仕 組みや運用等 （人事異動の有 無及び範囲）	職務関連賃金 ・基本給 ・賞与 ・役付手当等	左以外の賃金 通勤手当※等	職務遂行に必 要な能力を付 与するもの	左以外のもの （キャリアアッ プのための訓 練など）	・給食施設 ・休憩室 ・更衣室	左以外のもの （慶弔休暇、社 宅の貸与等）
①職務の内容が同じ者		△	ー	○	△	○	ー
同　じ	異なる						
②職務の内容も異なる者		△	ー	△	△	○	ー
異なる	ー						

○…実施義務・配慮義務
△…職務の内容、職務の成果、意欲、能力、経験等を勘案する努力義務

※距離・経費にかかわりなく一律に支給されている通勤手当は職務関連賃金として扱われます。

配慮義務（現行）
→利用機会の
付与義務（改正）

3 待遇に関する説明義務　パート・有期労働法14条

※改正の趣旨※

現行法では、パートタイム労働法において、雇入れ時の待遇の内容等に関する説明義務や、待遇の決定等にあたっての考慮事項に関する説明義務が、事業主に課せられています。しかし、有期雇用労働者についてはこのような規定がありません。また、非正規雇用労働者と正規雇用労働者との待遇差に関する情報を事業主から得られるようにし、不合理な待遇差の是正を求める労働者の司法的な救済が図られるようにする必要があります。このため、改正法は、従前の説明義務についてパートタイム労働者と同様、有期雇用労働者も対象とすることに加え、さらに待遇差の内容やその理由等についても、事業主に説明義務を課すこととしたものです。

待遇に関する事業主の説明義務

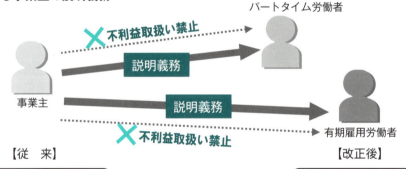

【従来】
パートタイム労働法14条

① 【雇入れ時】
実施している雇用管理の改善のための措置（パートタイム労働法9〜13条に基づく措置）の内容についての説明義務

② 【パートタイム労働者からの求めに応じ】
待遇（同法6・7条、9〜13条に基づく措置）の決定にあたって考慮した事項についての説明義務

パートタイム労働者が②の説明を求めたことを理由とする解雇その他不利益取扱いの禁止（パートタイム労働指針第3の3(2)）

【改正後】
パート・有期労働法14条

① 【雇入れ時】
実施している雇用管理の改善のための措置（パート・有期労働法8〜13条に基づく措置）の内容についての説明義務［1項］

② 【パート・有期雇用労働者からの求めに応じ】
待遇（同法6〜13条に基づく措置）の決定にあたって考慮した事項についての説明義務［2項］

追加
③ 【パート・有期雇用労働者からの求めに応じ】
パート・有期雇用労働者と通常の労働者との待遇の相異の内容及び理由の説明義務［2項］

法律に明記
パート・有期雇用労働者が②③の説明を求めたことを理由とする解雇その他不利益取扱いの禁止［3項］

説明義務の対象

①雇入れ時の説明義務
(パート・有期雇用労働者からの求めがなくても雇入れ時に必ず説明)

▼ 説明の対象

①不合理な待遇の禁止（8条）
②差別的取扱いの禁止（9条）
③賃金の決定（10条）
④教育訓練の実施（11条）
⑤福利厚生施設（12条）
⑥通常の労働者への転換（13条）

↓

の規定により措置を講ずべきこととされている事項に関し、自社が講ずることとしている措置の内容

②待遇の決定にあたっての考慮事項の説明義務
(パート・有期雇用労働者から求められたら随時説明)

▼ 説明の対象

①労働条件の文書交付等による明示（6条）
②就業規則作成・変更時の意見聴取（7条）
③不合理な待遇の禁止（8条）
④差別的取扱いの禁止（9条）
⑤賃金の決定（10条）
⑥教育訓練の実施（11条）
⑦福利厚生施設（12条）
⑧通常の労働者への転換（13条）

↓

の規定により講ずべきこととされている事項に関する決定をするにあたって考慮した事項

今回改正で **追加**

> **待遇差の比較対象となる通常の労働者**
>
> 待遇差の内容やその理由の説明義務について、待遇差の比較対象となる「通常の労働者」は、一般的には、事業主に説明を求めたパート・有期雇用労働者と同一の事業所に職務内容が同一かまたは類似している無期雇用フルタイム労働者がいれば、この者と比較することが適当と考えられます。ただし、当該パート・有期雇用労働者と職務内容や職務内容・配置の変更範囲等が最も近いと事業主が判断する無期雇用フルタイム労働者（あるいはその集団）がいれば、この者と比較して、その待遇差及びその理由、最も近いと判断した理由を説明することも考えられます（今後の審議により明確にされる見込み）。
>
> なお、パート・有期労働法8条に基づいて労働者が不合理な待遇差の是正のために司法判断を求める際の比較対象となる「通常の労働者」は、同法14条の説明義務に係る比較対象となる「通常の労働者」に限られず、必ずしも一致するものではありません。
>
> （労働政策審議会建議参照）

4 行政による裁判外紛争解決手続の整備等

> **改正の趣旨**
>
> 実際に、パート・有期雇用労働者が不合理な待遇差の是正等を求めて訴訟を提起するとなると、経済的・時間的な負担を伴います。このため、改正法では、より救済を求めやすいように、行政による履行確保措置（報告徴収・助言・指導等）及び行政ADR（裁判外紛争解決手続）に関する規定が整備されました。
> 従前から、パートタイム労働者については、パートタイム労働法にこれらに関する規定がありましたが、これらの明文の規定がなかった有期雇用労働者についても、パートタイム労働者と同様の適用を受けることとしたものです。

1 行政による履行確保措置　パート・有期労働法18条

現行パートタイム労働法18条では、パートタイム労働者について、厚生労働大臣（都道府県労働局長へ権限委任）が雇用管理の改善等を図るために必要があると認めるときは、その雇用する事業主に対して、報告を求め、または助言、指導もしくは勧告をすることができることとされ、勧告に従わない場合には企業名等を公表する場合があります。改正法は、現行上このような規定のない有期雇用労働者についても、

行政による履行確保措置の対象とすることとしました。

また、これらの履行確保措置は、現行上、均衡待遇に関する規定については対象とされていませんが、解釈が明確な場合など一定の場合には対象とする（ただし、従来どおり公表の対象とはしない）ことが適当とされています（労働政策審議会建議）。

2 行政ＡＤＲ（裁判外紛争解決手続）　パート・有期労働法22条〜26条

現行のパートタイム労働法には、パートタイム労働者の雇用管理の改善のための措置に関する事項について労使間で紛争が生じた場合の行政による解決手段として、都道府県労働局長による援助制度及び調停制度が設けられています（「行政による裁判外紛争解決手続」あるいは「行政ＡＤＲ」とも呼ばれます）。一方、有期雇用労働者についてはこのような制度がないため、今般の改正では、有期雇用労働者もこれらの制度の対象とし、パートタイム労働者と同様に制度を利用できることとされました。

また、改正後の行政による紛争解決手続は、現行パートタイム労働法の制度と基本的な仕組みは同じですが、現行上、紛争解決手続の対象外とされている均衡待遇規定に関する紛争や、改正により新たに追加された待遇差の内容・理由の説明義務（42頁参照）に関する紛争についても労働者の救済を幅広く対象とするものです。

● パート・有期労働法に基づく紛争解決手続の流れ

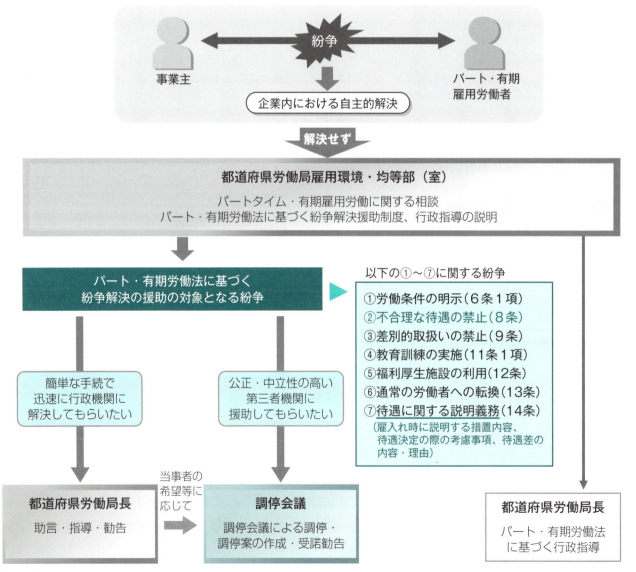

厚生労働省リーフレット「職場のトラブルで悩んでいませんか？　男女雇用機会均等法　育児・介護休業法　パートタイム労働法に基づく紛争解決援助制度のご案内」を参考に作成

派遣労働者に係る改正

1 不合理な待遇差を解消するためのルール

※改正の趣旨※

　現行の労働者派遣法では、賃金の決定や教育訓練、福利厚生について派遣元事業主及び派遣先が講ずる措置に関する規定が設けられているものの、配慮義務にとどまり、明確な均等・均衡待遇に関する規定はありません。派遣労働者の場合、就業場所が派遣先であることから、派遣先の労働者との均等・均衡が重要な観点と考えられますが、派遣先の労働者を基準に派遣労働者の賃金が決定されると、派遣先が変わるごとに賃金水準が変動してしまうとか、一般に大企業の方が賃金水準が高い傾向にあるが、同種の業務であっても、必ずしも職務の難易度が賃金水準に比例しないので、派遣労働者のキャリア形成を考慮した派遣先への配置につながらないといった問題もあります。

　このため、改正法は、パート・有期労働法の均等・均衡待遇規定を基本に、派遣先の通常の労働者との均等・均衡待遇による方式を原則としつつ、例外として、十分に派遣労働者の保護が図られると判断できる一定水準を満たす労使協定によって待遇を決定する方式を認めることとしています。

● 派遣労働者の待遇決定の２つの方式

原則　(1)派遣先労働者との均等・均衡方式

> パート・有期労働法の均等・均衡待遇規定（8条・9条、30頁参照）と基本的には同じ仕組み。

例外　(2)労使協定による一定水準を満たす待遇決定方式

> 一定水準を満たすことを条件に、派遣元での労使協定により派遣労働者の待遇を決定することを認める。

---

1 派遣先労働者との均等・均衡方式 ｜新労働者派遣法30条の3｜

　派遣労働者の待遇について、パート・有期労働法と同様に、労働者が司法判断を求める際に根拠となる均等・均衡待遇に関する規定が整備されました。派遣労働者の場合、「派遣先に雇用される通常の労働者」の待遇がその比較対象となります。なお、「待遇」に含まれるものの範囲や、待遇差の不合理性を判断する際の考慮要素、判断方法などについては、基本的な考え方はパート・有期労働法と同じです。

● 派遣労働者の均等・均衡待遇ルール（1項）

派遣元事業主は、その雇用する<u>派遣労働者</u>の基本給、賞与その他の待遇のそれぞれについて、

当該待遇に対応する<u>派遣先に雇用される通常の労働者の待遇</u>との間において、当該派遣労働者及び通常の労働者の

考慮要素
- ①職務内容（業務の内容及び当該業務に伴う責任の程度）
- ②職務内容・配置の変更範囲
- ③その他の事情

のうち、<u>当該待遇の性質及び当該待遇を行う目的に照らして適切と認められるもの</u>

を考慮して、不合理と認められる相違を設けてはならない。

> パート・有期労働法8条の均等・均衡待遇規定（不合理な待遇差の禁止）に対応。

> **同一労働同一賃金ガイドライン**
> 解釈を明確化
> 法律に根拠規定
> （新労働者派遣法47条の11）

4　同一労働同一賃金の実現に向けたルールの整備　45

● 派遣労働者の均等待遇ルール（2項）

派遣元事業主は、派遣労働者については、

①派遣先に雇用される通常の労働者と職務の内容が同一で、

②当該労働者派遣契約及び当該派遣先の慣行その他の事情からみて、
　当該派遣先での派遣就業が終了するまでの全期間において、派遣労働者の職務の内容及び配置が
　当該派遣先との雇用関係が終了するまでの全期間における当該通常の労働者の職務の内容及び配置の変更の範囲と同一の範囲で変更されることが見込まれる

正当な理由がなく、基本給、賞与その他の待遇のそれぞれについて、当該待遇に対応する通常の労働者の待遇に比して不利なものとしてはならない。

> パート・有期労働法9条の均等待遇規定（差別的取扱いの禁止）に対応。

> 派遣労働者の方が派遣先の通常の労働者より待遇が高く設定されている場合に、その待遇を引き下げてまで派遣先の通常の労働者と同じ待遇にする趣旨ではない。

2 労使協定による一定水準を満たす待遇決定方式　　新労働者派遣法30条の4

　派遣元事業主が、労働者の過半数で組織される労働組合（過半数労働組合）、これがない場合は労働者の過半数を代表する者（過半数代表者）との間で、一定の要件を満たす事項を定めた書面による労使協定を締結した場合は、1 の例外として、労使協定に基づいて派遣労働者の待遇を決定することが認められます。

● 労使協定による待遇決定方式と協定で定める事項

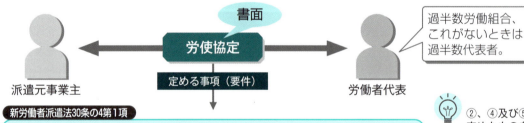

過半数労働組合、これがないときは過半数代表者。

新労働者派遣法30条の4第1項

①労使協定方式を適用する派遣労働者の範囲

②賃金の決定方法（次の(イ)(ロ)に該当するものに限る）
　(イ) 協定対象の派遣労働者が従事する業務と同種の業務に従事する一般労働者の平均的な賃金額と同等以上の賃金額となるものであること
　(ロ) 派遣労働者の職務の内容、職務の成果、意欲、能力または経験等の向上があった場合に賃金が改善されるものであること

③派遣労働者の賃金決定にあたっては、派遣労働者の職務の内容、職務の成果、意欲、能力または経験等を公正に評価して賃金を決定すること

④賃金を除く待遇の決定方法（派遣元事業主に雇用される通常の労働者（派遣労働者を除く）との間に不合理な相違がないものに限る）

⑤派遣労働者に対して、段階的・体系的な教育訓練を実施すること

⑥その他厚生労働省令で定める事項

> ②、④及び⑤の協定で定めたものを遵守していない場合や、③の公正な評価に取り組んでいない場合には、原則に戻って、派遣先の労働者との均等・均衡方式によることとなります。

> 派遣元事業主は、協定の内容を労働者に周知しなければならない。
> 新労働者派遣法30条の4第2項

※詳細は、省令で定められる予定です。

┌─ 労使協定方式の対象にならない待遇 ─┐

　業務の遂行に必要な能力を付与するための教育訓練（労働者派遣法40条2項）や、給食施設・休憩室・更衣室の利用（同条3項）については、派遣先の労働者との均等・均衡方式によらなければ実質的な意義を果たせないものとして、労使協定方式の対象にはされていません。

┌─ 派遣先への通知 ─┐

　派遣労働者の待遇決定について、派遣先の労働者との均等・均衡方式と、労使協定による待遇決定方式のどちらによるかは、労働者派遣契約の締結や派遣料金の設定などに関して、派遣先にとっても重要事項です。このため、派遣元事業主が労働者派遣をするにあたり通知すべき事項として、「派遣労働者が協定対象派遣労働者であるか否かの別」が追加されています（新労働者派遣法35条1項2号）。

3　職務の内容等を勘案した賃金の決定　　新労働者派遣法30条の5

※改正の趣旨※

　改正法において、派遣元事業主は、均等待遇規定（労働者派遣法30条の3第2項）が適用される派遣労働者及び労使協定方式が適用される派遣労働者を除く派遣労働者について、職務の内容、職務の成果、意欲、能力または経験その他の就業の実態に関する事項を勘案して賃金（通勤手当等を除く）を決定するよう努めなければならないとの規定が新設されました。これは、パート・有期労働法10条の規定と同様の内容で労働者派遣法に規定を置いたものです。

4　派遣元事業主が派遣労働者の待遇改善に関する措置を履行できるようにする仕組み等

※改正の趣旨※

　改正法では、派遣労働者の均等・均衡待遇に関するルールを新設するとともに、派遣元事業主が均等・均衡待遇規定に基づく義務を履行できるよう、派遣先になろうとする者（派遣先等）に対し、労働者派遣契約の締結にあたり、派遣先等の労働者の賃金等の待遇に関する情報を派遣元事業主に提供することが義務づけられました。

　また、教育訓練や福利厚生施設、就業環境の整備等に関して、現行法で配慮義務や努力義務にとどまる派遣先が講ずる措置についても、措置義務・配慮義務へと強化されました。

（1）派遣先等の待遇に関する情報提供義務　　新労働者派遣法26条7項〜11項

　労働者派遣の役務の提供を受けようとする者（派遣先になろうとする者）は、派遣元事業主と労働者派遣契約を締結するにあたっては、あらかじめ、派遣元事業主に対し、派遣労働者が従事する業務ごとに、比較対象労働者（右枠参照）の賃金その他の待遇に関する情報等を提供しなければなりません（新労働者派遣法26条7項。情報に変更があったときも同様（同条10項））。一方、派遣元事業主は、派遣先等からこの情報の提供がないときは、その者と労働者派遣契約を締結してはなりません（同条9項）。

　また、派遣先等は、派遣料金等の額について、派遣元事業主が、均等・均衡待遇規定または労使協定方式による場合の協定で定めた事項を遵守できるものとなるよう配慮しなければなりません（同条11項）。

┌─ 比較対象労働者（新労働者派遣法26条8項） ─┐

　労働者派遣の役務の提供を受けようとする者に雇用される通常の労働者であって、職務の内容、職務の内容及び配置の変更の範囲が、当該労働者派遣に係る派遣労働者と同一であると見込まれるもののほか、待遇を比較すべき労働者として厚生労働省令で定められる予定です。

（2）派遣先の措置に関する規定の強化

　教育訓練や福利厚生施設の利用その他の待遇に関しては、現行法では、派遣先の措置について配慮義務あるいは努力義務の規定が設けられています。改正法では、それぞれの事項について、配慮義務から（措置）義務へ、努力義務から配慮義務へと強化されています。

● 派遣先等が講ずる措置に係る改正

	現　行	改正後
賃金等に関する情報提供	派遣労働者と同種の業務に従事する派遣先の労働者に関する情報提供等の**配慮義務** （現行40条5項）	労働者派遣契約の締結にあたって、比較対象労働者の賃金等の待遇に関する**情報提供義務** （改正法26条7項）
教育訓練の実施	派遣先の労働者に業務の遂行に必要な能力を付与するための教育訓練を実施する場合に、原則として同種の業務に従事する派遣労働者にも実施する**配慮義務** （現行40条2項）	派遣先の労働者に業務の遂行に必要な能力を付与するための教育訓練を実施する場合に、原則として同種の業務に従事する派遣労働者にも実施する等の**（措置）義務** （改正法40条2項）
福利厚生施設の利用	派遣先の労働者が利用する給食施設・休憩室・更衣室の利用機会を与える**配慮義務** （現行40条3項）	派遣先の労働者が利用する給食施設・休憩室・更衣室の利用機会の**付与義務** （改正法40条3項）
	適切な就業環境の維持、上記以外の福利厚生施設の利用に関する便宜の供与等必要な措置を講ずる**努力義務** （現行40条4項）	適切な就業環境の維持、上記以外の福利厚生施設の利用に関する便宜の供与等必要な措置を講ずる**配慮義務** （改正法40条4項）
その他	派遣元事業主が段階的・体系的な教育訓練、待遇改善に関する措置を適切に講じられるよう、派遣労働者と同種の業務に従事する派遣先の労働者に関する情報提供等の必要な協力をする**努力義務**　（現行40条6項）	派遣元事業主が段階的・体系的な教育訓練、待遇改善に関する措置、待遇差に関する説明等を適切に行えるよう、派遣先の労働者に関する情報提供等の必要な協力をする**配慮義務** （改正法40条5項）

5　就業規則の作成手続き　　**新労働者派遣法30条の6**

※改正の趣旨※

　現行のパートタイム労働法7条は、パートタイム労働者の就業規則の作成・変更にあたって、事業所のパートタイム労働者の過半数を代表する者の意見を聴く努力義務を事業主に課していますが、労働者派遣法にはこのような規定がありません。そこで改正法では、パートタイム労働法（改正後はパート・有期労働法）と同様の規定を労働者派遣法にも整備し、派遣元事業主は、派遣労働者の就業規則の作成・変更にあたって、当該事業所で雇用する派遣労働者の過半数を代表する者の意見を聴くように努めなければならないことと定めました。

6　同一労働同一賃金ガイドライン（案）　　**パート・有期労働法8条**　　**新労働者派遣法47条の11**

※改正の趣旨※

　35頁で説明した「同一労働同一賃金ガイドライン」（案）は、パート・有期雇用労働者のほか、派遣労働者の均等待遇・均衡待遇規定の解釈を明確化するものとして、労働者派遣法にも策定根拠を持つ指針として位置づけられています。

● 同一労働同一賃金ガイドライン案（派遣労働者に係る部分を抜粋）

派遣労働者

　派遣元事業者は、派遣先の労働者と職務内容、職務内容・配置の変更範囲、その他の事情が同一である派遣労働者に対し、その派遣先の労働者と同一の賃金の支給、福利厚生、教育訓練の実施をしなければならない。また、職務内容、職務内容・配置の変更範囲、その他の事情に一定の違いがある場合において、その相違に応じた賃金の支給、福利厚生、教育訓練の実施をしなければならない。

2 労働条件の明示・待遇に関する説明義務 　新労働者派遣法31条の2

改正の趣旨

　現行の労働者派遣法では、派遣元事業主の派遣労働者に対する義務として、①派遣労働者を雇用しようとするときの待遇に関する事項の説明義務、②派遣労働者の求めに応じ、待遇の決定にあたって考慮した事項の説明義務を課しています。改正法は、派遣労働者についても、パート・有期雇用労働者と同様に、雇入れ時の労働条件の文書の交付等による明示や、待遇の内容に関する事項の説明、待遇差の内容・理由の説明を派遣元事業主に義務づけるものです。さらに、労働者を派遣しようとする時にも、派遣先が変わることにより待遇の内容が変更することがあり得ることから、労働条件の明示義務や待遇に関する説明義務が定められました。

● 労働条件の明示義務と待遇に関する説明義務 　新労働者派遣法31条の2

明示・説明する時		改正後の義務の内容	パート・有期労働法の対応規定
①労働契約締結前（雇用しようとする時）＜1項＞		派遣労働者として雇用した場合における当該労働者の賃金の額の見込みその他の待遇に関する事項の説明義務	―
②雇入れ時 ＜2項＞	新設	(1) 労働条件（労基法15条1項による事項以外）のうち、厚生労働省令で定める事項を文書の交付等により明示する義務	6条1項
		(2) 待遇に関する規定（法30条の3、30条の4第1項、30条の5）により措置を講ずべきこととされている事項（労基法15条1項による事項、上記(1)の事項以外）に関し講ずることとしている措置の内容の説明義務	14条1項
③労働者を派遣しようとする時（労使協定方式の場合を除く）＜3項＞	新設	(1) 労働条件（労基法15条1項による事項も含む）を文書の交付等により明示する義務	―
		(2) 待遇に関する規定により措置を講ずべきこととされている事項（上記(2)と同じ事項）に関し講ずることとしている措置の内容の説明義務	
④派遣労働者からの求めに応じて ＜4項＞	追加	(1) 派遣労働者と比較対象労働者（法26条8項）との待遇差の内容・理由の説明義務	14条2項
		(2) 待遇（法30条の3～30条の6の措置に関するもの）の決定にあたって考慮した事項の説明義務	
不利益取扱いの禁止 ＜5項＞	新設	派遣労働者が④の説明を求めたことを理由とする不利益取扱いの禁止	14条3項

3 行政による裁判外紛争解決手続の整備等 　新労働者派遣法48条以下、47条の4以下

改正の趣旨

　パート・有期労働法における行政による履行確保措置及び行政ADRに関する改正と同様の趣旨で、労働者派遣法にも、これらに関する規定が整備されました。
　労働者派遣法には、従来から行政による報告徴収、指導・助言、勧告等の履行確保措置に関する規定がありましたが、今般の改正で整備された、労働者が待遇差について司法判断を求める際の根拠規定や説明義務に関する規定もその対象となります。
　また、労働者派遣法には、従来からパートタイム労働法に設けられているような都道府県労働局長による紛争解決援助制度や調停制度などはありませんでしたが、改正によりこれらに関する規定が新設されました。

パート・有期労働法と仕組みは同じ

　労働者派遣法においても、均衡待遇規定に関する紛争の取扱いについては、パート・有期労働法と同様の考えによります。また、労働者派遣法に新設された都道府県労働局長による紛争解決援助制度や調停制度（行政ADR）の基本的な仕組みや流れは、パート・有期労働法に基づく制度と同様です（44頁参照）。

4　同一労働同一賃金の実現に向けたルールの整備　49

3 その他の関連施策

1 病気の治療と仕事の両立

厚生労働省では、平成28年2月に「事業場における治療と職業生活の両立支援のためのガイドライン」を策定・公表しています。このガイドラインは、がん、脳卒中、心疾患、糖尿病、肝炎などの治療が必要な疾病を抱える労働者に対して、事業場において適切な就業上の措置や治療に対する配慮が行われるよう、事業場における取組事項や留意事項等をまとめたものです。そのポイントは次のとおりです。

治療と仕事の両立支援ガイドラインのポイント

1 治療と職業生活の両立支援を行うための環境整備
- 労働者や管理職に対する研修などによる意識啓発
- 労働者が安心して相談・申出を行える相談窓口を明確化
- 時間単位の休暇制度、時差出勤制度などを検討・導入
- 主治医に対して業務内容などを提供するための様式や、主治医から就業上の措置などに関する意見を求めるための様式を整備

イメージキャラクター "ちりょうさ"

2 治療と職業生活の両立支援の進め方

① 労働者が事業者へ申出 ◀ 労働者が主治医へ自らの業務内容等の情報を提供し、それを参考に主治医により作成された配慮事項等に関する意見書を、労働者が事業者に提出

② 事業者が産業医等の意見を聴取 ◀ 事業者は、労働者から提出された主治医からの情報を産業医等に提供。就業上の措置、治療に対する職場での配慮について意見聴取

③ 事業者が就業上の措置等を決定・実施 ◀ 事業者は、主治医、産業医等の意見を勘案し、労働者の意見も聴取したうえで、就業の可否、就業上の措置(作業の転換等)、治療に対する配慮(通院時間の確保等)の内容を決定・実施
＊「両立支援プラン」の作成が望ましい。

3 がんに関する留意事項
- 治療の長期化や予期せぬ副作用による影響に応じた対応の必要性
- がんの診断を受けた労働者のメンタルヘルス面へ配慮

※平成30年4月に、これまでのガイドラインに加え、難病に関する留意事項、企業・医療機関連携のためのマニュアル(全体版)等も公表されています。

支援制度・窓口等

産業保健総合支援センター
- 事業者等に対する啓発セミナー
- 産業医、産業保健スタッフ、人事労務担当者等に対する専門的研修
- 関係者からの相談対応
- 両立支援に取り組む事業場への個別訪問指導
- 患者(労働者)と事業者の間の調整支援等

ハローワーク
主要なハローワークに専門相談員を配置し、がん診療連携拠点病院等と連携してがん患者等の就労支援を行う事業を実施。　等

障害者雇用安定助成金
(障害や傷病治療と仕事の両立支援コース)
障害者及びがん患者などの特性に配慮した勤務時間管理や治療・通院のための休暇等を取得可能とする社内制度の整備、両立支援コーディネーター等の配置、これらの運用・活用を行う事業主に対して支給。

厚生労働省のポータルサイト「治療と仕事の両立支援ナビ」
https://chiryoutoshigoto.mhlw.go.jp/

2 テレワーク、副業・兼業に関するガイドライン

　時や場所にとらわれず、ワーク・ライフ・バランスに資する、あるいは多様な人材活用、個人のキャリア形成等のメリットが考えられるテレワークや副業・兼業といった柔軟な働き方について、現状の課題を踏まえつつ、企業等が導入を進めるうえでの留意事項や適正に運用していくルール等を明確にした３つのガイドラインが示されています。その概要をまとめておきます。

1 雇用型テレワークに関するガイドライン

「情報通信技術を利用した事業場外勤務の適切な導入及び実施のためのガイドライン」（平成30年２月）

労働基準関係法令の適用

テレワークを行う場合においても、労働基準法、最低賃金法、労働安全衛生法、労働者災害補償保険法等の労働基準関係法令が適用。

労働基準法の適用に関する留意点

労働条件の明示	労働者がテレワークを行うことを予定している場合も、テレワークを行うことが可能である勤務場所を明示することが望ましい。
通常の労働時間制度	◆労働時間の適正な把握 ◆いわゆる中抜け時間 　労働者が労働から離れ、自由利用が保障されている場合、休憩時間や時間単位の年次有給休暇として取り扱うことが可能。 ◆通勤時間や出張旅行中の移動時間中のテレワーク 　使用者の明示または黙示の指揮命令下で行われるものは労働時間に該当する。 ◆勤務時間の一部をテレワークする際の移動時間等 　使用者が移動することを労働者に命ずることなく、単に労働者自らの都合により就業場所間を移動し、自由利用が保障されている場合は、労働時間に該当しない。 ◆フレックスタイム制（労働時間の把握が必要）
事業場外みなし労働時間制	使用者の具体的な指揮監督が及ばず、労働時間を算定することが困難なときは、事業場外みなし労働時間制が適用。 労働者の健康確保の観点から、勤務状況を把握し、適正な労働時間管理を行う責務を有する。また、実態に合ったみなし時間となっているかを確認し、実態に合わせて労使協定を見直すこと等が適当。
裁量労働制	労働者の健康確保の観点から、勤務状況を把握し、適正な労働時間管理を行う責務を有する。また、労働者の裁量が失われていないか等を労使で確認し、結果に応じて、業務量等を見直すことが適当。
休憩時間	労使協定により休憩時間の一斉付与の原則を適用除外可能。
時間外・休日労働の時間管理	法定労働時間を超える場合には、割増賃金の支払い等が必要となることから、労働時間の状況の適切な把握に努め、必要に応じて労働時間や業務内容等について見直すことが望ましい。

長時間労働対策

長時間労働等を防ぐ手法として、①メール送付の抑制、②システムへのアクセス制限、③テレワークを行う際の時間外・休日・深夜労働の原則禁止等、④長時間労働等を行う者への注意喚起等の手法を推奨。

労働安全衛生法の適用及び留意点

安全衛生関係法令の適用	過重労働対策やメンタルヘルス対策等により、テレワークを行う労働者の健康確保を図ることが重要。
作業環境整備	作業環境整備　テレワークを行う作業場が自宅等である場合には、ＶＤＴガイドライン等の衛生基準と同等の作業環境とすることが望ましい。

労働災害の補償に関する留意点

テレワーク勤務における災害は労災保険給付の対象となる。

その他導入及び実施するにあたっての注意点等

労使双方の共通の認識	あらかじめ導入の目的、対象となる業務、労働者の範囲、テレワークの方法等について、労使で十分協議することが望ましい。 テレワークを行うか否かは労働者の意思によるべき。
円滑な遂行	業務の内容や遂行方法を明確にしておくことが望ましい。
業績評価等	業績評価等について、評価者や労働者が懸念を抱くことのないように、評価制度、賃金制度を明確にすることが望ましい。
費用負担	テレワークを行うことによって生じる費用について労使のどちらが負担するか等を、あらかじめ労使間で十分に話し合い、就業規則等に定めておくことが望ましい。
社内教育	労働者が能力開発等において不安に感じることのないよう、社内教育等の充実を図ることが望ましい。
労働者の自律	労働者も自律的に業務を遂行することが求められる。

2 自営型テレワークに関するガイドライン

「自営型テレワークの適正な実施のためのガイドライン」（平成30年２月）

自営型テレワークとは
▶ 注文者から委託を受け、情報通信機器を活用して主として自宅または自宅に準じた自ら選択した場所において、成果物の作成または役務の提供を行う就労
（法人形態の場合、他人を使用している場合などを除く）

[仲介事業者が注文者とテレワーカーとの間であっせんするケース]

仲介事業者とは、①他者から業務の委託を受け、当該業務に関する仕事を自営型テレワーカーに注文する行為を業として行う者、②自営型テレワーカーと注文者との間で、自営型テレワークの仕事のあっせんを業として行う者、③インターネットを介して注文者と受注者が直接仕事の受発注を行うことができるサービス（いわゆる「クラウドソーシング」）を業として運営している者をいう。

---- 関係者が守るべき事項（主なもの） ----

1 募集

募集内容の明示
注文者または自営型テレワークの仕事のあっせんを業として行う仲介事業者は、文書、電子メールまたはウェブサイト上等で次の事項を明示すること。

① 仕事の内容
② 成果物の納品予定日（役務が提供される予定期日または予定期間）
③ 報酬予定額・支払期日・支払方法
④ 諸経費の取扱い
⑤ 提案等に係る知的財産権の取扱い
⑥ 問合せ先

募集から契約までの間に取得した提案等の取扱い
・選考外の用途で応募者に無断で使用等しないこと。
・知的財産権を契約時に譲渡等させる場合は、募集の際にその旨を明示すること。

2 契約条件の文書明示

契約条件の文書明示
注文者は、自営型テレワーカーと協議のうえ、次の事項を明らかにした文書を交付すること。
（電子メールまたはウェブサイト上等の明示でも可）

① 注文者の氏名または名称、所在地、連絡先
② 注文年月日
③ 仕事の内容
④ 報酬額・支払期日・支払方法
⑤ 諸経費の取扱い
⑥ 成果物の納期（役務が提供される期日または期間）
⑦ 成果物の納品先及び納品方法
⑧ 検査をする場合は、検査を完了する期日（検収日）
⑨ 契約条件を変更する場合の取扱い
⑩ 成果物に瑕疵がある等不完全であった場合やその納入等が遅れた場合等の取扱い（補償が求められる場合の取扱い等）
⑪ 知的財産権の取扱い
⑫ 自営型テレワーカーが業務上知り得た個人情報及び注文者等に関する情報の取扱い

保存
明示した文書または電子メール等を３年間保存すること。

3 契約条件の適正化

報酬額
◆同一または類似の仕事をする自営型テレワーカーの報酬、仕事の難易度、納期の長短、自営型テレワーカーの能力等を考慮することにより、自営型テレワーカーの適正な利益の確保が可能となるように決定すること。
◆見積りを作成する際には、必要以上に見積りを繰り返すものの契約締結に至らない等自営型テレワーカーの過度な負担とならないような見積りとすることが望ましい。

報酬の支払期日
成果物を受け取った日または役務の提供を受けた日から起算して30日以内とし、長くても60日以内とすること。

納期
作業時間が長時間に及び健康を害することがないように設定すること。その際、通常の労働者の１日の所定労働時間の上限（８時間）も作業時間の上限の目安とすること。

契約条件の変更
◆契約条件を変更する場合は、自営型テレワーカーと十分協議のうえ、文書等を交付すること。
◆自営型テレワーカーに不利益が生ずるような変更を強要しないこと。

契約解除
自営型テレワーカーに契約違反等がない場合、契約解除により自営型テレワーカーに生じた損害の賠償が必要となること。

その他、成果物の内容に関する具体的説明、報酬の支払い、成果物に瑕疵がある場合や納入が遅れた場合等の取扱い、継続的な注文の打切りの場合における事前予告等に関する事項

4 その他

仲介手数料、登録料、紹介料、システム利用料等を問わず、自営型テレワーカーから仲介に係る手数料を徴収する場合には、仲介事業者は、手数料の額、手数料の発生条件、手数料を徴収する時期等を、自営型テレワーカーに対し、あらかじめ、文書または電子メール等で明示してから徴収すること。

その他、物品の強制購入等の禁止、注文者の協力、個人情報等の取扱い、健康確保措置、能力開発支援、担当者の明確化、苦情の自主的解決等に関する事項

3 副業・兼業に関するガイドライン

「副業・兼業の促進に関するガイドライン」（平成30年1月）

副業・兼業の促進の方向性

メリット
- **労働者** …主体的なキャリア形成、所得増加等
- **企 業** …優秀な人材の獲得・流出防止、社外からの資源（情報、人脈等）による事業機会の拡大等
- **社 会** …オープンイノベーション、有効な起業手段等

副業・兼業の促進へ
希望する労働者については、長時間労働、企業への労務提供上の支障や企業秘密の漏洩等を招かないよう留意しつつ、雇用されない働き方も含め、その希望に応じて幅広く副業・兼業を行える環境を整備することが重要である。

企業の対応

裁判例を踏まえれば、原則、副業・兼業を認める方向とすることが適当である。

- 実際に副業・兼業を進めるにあたっては、労働者と企業双方が納得感を持って進めることができるよう、労働者と十分にコミュニケーションをとることが重要。
- 労務提供上の支障や企業秘密の漏洩等がないか、また、長時間労働を招くものとなっていないか確認する観点から、副業・兼業の内容等を労働者に申請・届出させることも考えられる。
- モデル就業規則を参照・活用する（第14章第67条）。
  http://www.mhlw.go.jp/stf/seisakunitsuite/bunya/koyou_roudou/roudoukijun/zigyonushi/model/

就業時間の把握・健康管理

就業時間の把握
- 労働時間の通算に関する現行法とその解釈
  「労働時間は、事業場を異にする場合においても、労働時間に関する規定の適用については通算する。」（労基法38条）
  「事業場を異にする場合」とは事業主を異にする場合をも含む。（昭23.5.14基発769号）
- 使用者は、労働者が労働基準法の労働時間に関する規定が適用される副業・兼業をしている場合、労働者からの自己申告により副業・兼業先での労働時間を把握することが考えられる。
- 個人事業主や委託契約・請負契約等により労働基準法上の労働者でない者として、または、労働基準法上の管理監督者として、副業・兼業を行う者については、労働基準法の労働時間に関する規定が適用されない。

> この場合でも、過労等により業務に支障を来さないよう、その者の自己申告により就業時間を把握すること等を通じて、就業時間が長時間にならないよう配慮することが望ましい。

健康管理
- 使用者は、労働者が副業・兼業をしているかにかかわらず、労働安全衛生法66条等に基づき、健康診断等を実施しなければならない。
- 上記措置の実施対象者の選定にあたって、副業・兼業先における労働時間の通算は不要。ただし、使用者が労働者に副業・兼業を推奨している場合は、労使の話し合い等を通じ、副業・兼業の状況も踏まえて、健康診断等の必要な健康確保措置を実施することが適当。
- 副業・兼業者の長時間労働や健康障害防止の観点から、例えば、自社での労務と副業・兼業先での労務との兼ね合いの中で、時間外・休日労働の免除や抑制等を行うなど、それぞれの事業場において適切な措置を講じることができるよう、労使で話し合うことが適当。

安全配慮義務
副業・兼業に関する企業の安全配慮義務について、現時点では明確な司法判断は示されていないが、使用者は、労働契約法5条の安全配慮義務の規定に留意が必要。

副業・兼業に関わるその他の現行制度

労災保険の給付（休業補償、障害補償、遺族補償等）
- 労災保険制度では、その給付額については、災害が発生した就業先の賃金分のみに基づき算定する。
- 自社、副業・兼業先の両方で雇用されている場合は、一の就業先から他の就業先への移動時に起こった災害は、通勤災害として労災保険給付の対象となる。

雇用保険、厚生年金保険、健康保険
- 複数事業主に雇用されている場合は、その者が生計を維持するに必要な主たる賃金を受ける雇用関係についてのみ雇用保険の被保険者となる。
- 複数事業主に雇用され、それぞれ厚生年金・健康保険の被保険者要件をみたす場合は、被保険者がいずれかの事業所の管轄年金事務所等を選択。　等

| 参 考 | 働き方改革に取り組む企業のための相談窓口・支援制度 |

働き方改革全般に関する相談窓口

働き方改革推進支援センター

　平成30年度から全国47都道府県に設置された「働き方改革推進支援センター」では、「働き方改革」に取り組む事業主に対して、働き方改革全般に関する相談対応、出張相談会、労務管理セミナーの開催などを実施し、非正規雇用労働者の処遇改善、弾力的な労働時間制度の構築、生産性向上による賃金引上げなど、人材の定着確保、育成に効果的な労務管理に関する総合的な支援を行うこととされています。

相談受付
◆電話・メール・来所による相談受付
◆社会保険労務士等の専門家による無料相談
◆希望に応じ企業訪問も可

例えば
・36協定について詳しく知りたい
・非正規の方の待遇を改善したい
・人材不足に対応するにはどうしたらよいか
・利用できる助成金は？　　　　など

出張相談会・セミナー開催
◆商工会・商工会議所等と連携し、出張相談会や労務管理セミナーを随時開催

【お問い合わせ先】
都道府県働き方改革推進支援センター

よろず支援拠点

　人手不足、売上拡大、経営改善など、中小企業・小規模事業者が抱える様々な経営課題に対応するワンストップ相談窓口として、国が全国に設置している無料の経営相談所です。専門家による相談・アドバイスを受けられるほか、経営課題に応じ、地域の支援機関・専門家と連携をとりながら支援を行います。

【お問い合わせ先】
都道府県のよろず支援拠点
よろず支援拠点全国本部ポータルサイト（http://yorozu.smrj.go.jp/）

ハローワーク

　ハローワークでは、働き方改革に取り組む企業の求職者への周知、求人充足に向けたコンサルティング、事業所見学会、就職面接会等を実施しています。

人手不足対策、生産性向上・業務効率化等への取組を支援する助成金制度（主なもの）

1 キャリアアップ助成金

　有期契約労働者、短時間労働者、派遣労働者など、非正規雇用労働者の企業内でのキャリアアップ等を促進するため、正社員化、処遇改善の取組等を実施した事業主に対して助成する制度です。
　生産性を向上させた場合（生産性要件を満たす場合）には、その助成額または助成率が上乗せされます。

Ⅰ 正社員化コース	有期契約労働者等を正規雇用労働者等に転換または直接雇用した場合
Ⅱ 賃金規定等改定コース	有期契約労働者等の賃金規定等を増額改定し、昇給を図った場合
Ⅲ 健康診断制度コース	有期契約労働者等を対象にした法定外の健康診断制度を新たに規定・実施した場合
Ⅳ 賃金規定等共通化コース	有期契約労働者等と正規雇用労働者との共通の賃金規定等を新たに規定・適用した場合

Ⅴ 諸手当制度共通化 コース	有期契約労働者等と正規雇用労働者との共通の諸手当制度を新たに規定・適用した場合
Ⅵ 選択的適用拡大導入 時処遇改善コース	500人以下の企業で短時間労働者の社会保険の適用拡大を導入する際に、有期契約労働者等の賃金引上げを実施した場合
Ⅶ 短時間労働者労働時 間延長コース	短時間労働者の週所定労働時間を延長すると同時に社会保険に加入させた場合

【お問い合わせ先】 都道府県労働局またはハローワーク

2 時間外労働等改善助成金

時間外労働等改善助成金は、中小企業・小規模事業者が時間外労働の上限規制等に円滑に対応するため、生産性を高めながら労働時間の短縮等に取り組む事業主に対して支給される助成金です。成果目標の達成度合いによって助成率等が異なる場合があります。

Ⅰ 時間外労働上限設定 コース	時間外労働の上限設定を行うことを目的として、外部専門家によるコンサルティング、労務管理用機器等の導入等を実施し、改善の成果を上げた場合
Ⅱ 勤務間インターバル 導入コース	勤務間インターバル制度を導入することを目的として、外部専門家によるコンサルティング、労務管理用機器等の導入等を実施し、改善の成果を上げた場合
Ⅲ 職場意識改善コース	所定労働時間の削減、年次有給休暇取得促進に取り組むこと等を目的として、外部専門家によるコンサルティング、労務管理用機器等の導入等を実施し、改善の成果を上げた場合
Ⅳ 団体推進コース	3社以上で組織する中小企業の事業主団体において、傘下企業の労働時間短縮や賃金引上げに向けた生産性向上に資する取組に対して、その経費を助成
Ⅴ テレワークコース	在宅またはサテライトオフィスにおいて就業するテレワークに取り組む中小企業事業主に対して助成

【お問い合わせ先】 都道府県労働局（雇用環境・均等部（室））
※テレワークコースは、テレワーク相談センター

3 業務改善助成金

業務改善助成金は、中小企業・小規模事業者の生産性向上を支援し、事業場内で最も低い賃金（事業場内最低賃金）の引上げを図るための制度です。生産性向上のための設備投資やサービスの利用などを行い、事業場内最低賃金を一定額以上引き上げた場合、その設備投資などにかかった費用の一部を助成します。

事業場内最低賃金の引上げ額が30円以上、40円以上の2つのコースがあり、それぞれ助成対象事業場、助成率、引き上げる労働者数、助成の上限額が定められています。

【お問い合わせ先】 都道府県労働局（雇用環境・均等部（室））

【その他の助成金】

助成金		支給される場合	お問い合わせ先
人材確保等支援助成金		※人材確保等支援助成金には、下記以外にもコースがあります。	労働局または ハローワーク
	人事評価改善等 助成コース	生産性向上に資する能力評価を含む人事評価制度を整備し、定期昇給等のみによらない賃金制度を設けることを通じて生産性向上、賃金アップと離職率低下を図る事業主に対して助成	
	設備改善等支援 コース	生産性向上に資する設備等への投資を通じて、生産性向上、雇用管理改善（賃金アップ）等を図る事業主に対して助成	
人材開発支援助成金		通常の業務を離れて行う社員訓練（OFF-JT）や通常の業務の中で行う社員訓練（OJT）について、経費や訓練期間中の賃金の一部等を助成	
65歳超雇用推進 助成金		65歳以降の継続雇用延長や定年引上げ、高齢者向けの機械設備導入等を行う事業主に対して助成	（独）高齢・障害・求職者雇用支援機構
両立支援等助成金		育児休業の円滑な取得・職場復帰の支援や代替要員の確保等を行った事業主に対して助成	労働局または ハローワーク

落丁・乱丁はお取り替えいたします。
本書の全部または一部を無断で複写複製することは、法律で認められた場合を除き、
著作権の侵害となります。

働き方改革！　制度改正と関連施策の早わかり

平成 30 年 8 月 10 日　初版発行

編　者　労働調査会出版局
発行人　藤澤　直明
発行所　労働調査会
　　　　〒170-0004　東京都豊島区北大塚 2-4-5
　　　　TEL　03-3915-6401
　　　　FAX　03-3918-8618
　　　　http://www.chosakai.co.jp/

Ⓒ労働調査会，2018

ISBN978-4-86319-681-0 C2032